中公新書 2629

中西嘉宏著

ロヒンギャ危機

——「民族浄化」の真相

中央公論新社刊

はしがき

二〇一七年八月二五日未明、東南アジアのミャンマーにあるラカイン州で、武装勢力が警察・国軍の施設を襲撃した。直後からミャンマー国軍は、武装勢力に対する掃討作戦を開始する。ラカイン州北部の広い範囲で戦闘が続き、同年末にかけて、約七〇万人の難民が、ラカイン州と接する隣国バングラデシュに流出した。わずか四ヵ月の間に、これほどの数の難民が発生する事例は、近年のアジアにはなかった。

難民のほとんどはロヒンギャだった。ロヒンギャとは、主にラカイン州北部に住むムスリム(イスラーム教徒)である。仏教徒が全人口の九割弱を占めるミャンマーにおいて、ムスリムであるロヒンギャは宗教上の少数派だ。それだけではない。彼らの多くは国籍を持たない無国籍者でもある。

長い間ミャンマー政府は、ロヒンギャの多くをバングラデシュから不法に入国した人々だとみなしてきた。一方で、バングラデシュ政府(一九七一年の独立前はパキスタン政府)は、ロヒンギャをミャンマー国民だと主張した。両国のはざまで彼らは無国籍状態を余儀なくされてきたのである。

これまでもロヒンギャの難民流出は繰り返されてきた。しかし、二〇一七年の流出は規模が違った。国境のバングラデシュ側であるコックスバザールでは、以前からいた難民も含めて、いま一〇〇万人ほどがキャンプで暮らしている。キャンプ内の環境は言うまでもなく過酷だ。一方で、国境のミャンマー側に目を転ずれば、ムスリムがバングラデシュに逃れて姿を消してしまった。誰もいなくなった村が多数あり、なかには焼失した村もある。

いったい何があったのか。

事件から三年がたったいまでも、流出の原因である武力衝突について、その真相は明らかになっていない。ただし、ミャンマー国軍が、相当規模の残虐行為を武装勢力や民間人に対して行った可能性が高い。そのため、ミャンマー政府と国軍に対する批判が世界中で巻き起こっている。

たとえば、国際連合の人権高等弁務官（当時）ゼイド・ラアド・アル・フセインは「民族浄化の教科書的事例」だと強くミャンマー国軍を非難した。その後も、民族浄化（ethnic cleansing）、ジェノサイド（genocide）、虐殺（massacre）、大量殺戮《さつりく》（mass killing）、人道に対する罪（crime against humanity）、こうした言葉が頻繁に使用され、欧米諸国、国連機関、人権団体、イスラーム諸国などによるミャンマー批判は強まる一方である。

余波は、国際司法の場にも拡大する。二〇一八年には、国際刑事裁判所（International Criminal Court：ＩＣＣ）が、ミャンマー国軍による国際法違反の疑いで捜査を開始した。ミャンマー国軍の幹部に逮捕状が出るのも時間の問題だといわれている。二〇一九年末には、国際司法裁判所（International Court of Justice：ＩＣＪ）に、ジェノサイド条約（正式名は「集団殺害罪の防止及び処罰に関する条約」）違反を理由にして、西アフリカのガンビア政府がミャンマー政府を提訴した。

ロヒンギャ問題は、これまでも人権問題や難民問題として知られていたが、二〇一七年八月の事件をきっかけに変わった。事態はより深刻化し、影響はもはやミャンマーとその周辺諸国に留《とど》まらない。その解決は、アジアと世界の国際秩序にとっても大きな課題になっている。日本政府も巻き込まれていることはいうまでもない。

この、ロヒンギャ問題の深刻化と拡大を強調するために、本書では二〇一七年八月二五日以降のロヒンギャにかかわる諸問題をまとめてロヒンギャ危機と呼ぶことにしたい。

危機の発生後、ミャンマー政府と国軍はジェノサイドを認めていない。難民の帰還は、事件から三年がたったいまでも、進展が乏しい。難民の帰還を受け入れるというミャンマー政府の意思を疑う声も多い。

このミャンマー政府の指揮をとるのが、アウンサンスーチーである。よく知られているように、スーチーは、軍事政権下で民主化運動を指導した人物だ。軍事政権に対する非暴力的な抵抗を理由に、一九九一年にはノーベル平和賞を受賞している。人権と民主主義の世界的なアイコン（象徴）だった。

ここで「だった」と過去形にしたのは、スーチーに対する国際的な評価が、このロヒンギャ危機の発生を境に急激に低下したからである。いま考えると、二〇一六年三月にスーチー政権が生まれた瞬間が、彼女に世界から期待が集まったピークだったといえる。評価が低落した最大の理由は、彼女がロヒンギャ危機に十分に対応していないとみられているからだ。国軍のジェノサイド疑惑について、スーチーは否定を繰り返してきた。彼女が国軍を非難することを期待した人々は、おおいに失望してしまう。

なぜスーチーは国軍によるジェノサイドを否定するのだろうか。

スーチー自身、合計一五年間、政治活動を理由に軍事政権によって自宅軟禁状態に置かれた経験を持つ。つまり、人権侵害の被害者である。また、国軍が治安対策や軍事作戦のなかで民間人の人権を侵害してきたことは、ミャンマー人であれば誰もが知っていることだ。それでもスーチーは、ジェノサイドが起きていないと本当に考えているのか。それとも、国軍が彼女にそうした発言をさせているのか。あるいは、国家権力を握ったことで、ロヒンギャの生命と財産を脅かす独裁者へと彼女が変貌してしまったのか。なんとも判然としない。

事件から三年がたち、世界のロヒンギャへの関心は日々薄れている。このまま難民の帰還が進まなければ、国際機関や各国政府、さらに多くの民間団体の支援で支えられているおよそ一〇〇万人の生活は、ますます厳しくなるだろう。その一方で、人権侵害に関与した人々は、その責任を問われることなく生活している。事件の痕跡や記憶が風化すると立件はいっそう難しくなる。理不尽だとしかいいようがない。

事態のわからなさを少しでも解消し、理不尽な状況を打開する方法を考えるためにまず必要なのは、危機が起きた文脈の適切な理解と、解決を難しくしている原因の把握だろう。そこで本書は、危機がどうして起きたのか、その余波が世界にどう広がっているのか、なぜスーチーはジェノサイドを否定し、難民の帰還は何を理由にして行き詰まっているのか、こうした点を、歴史的背景の考察も踏まえながら検討する。そして、将来に向けての展望と日本が果たすべき役割を提示したい。

目次

地図作成・地図屋もりそん

凡例

一、本書ではロヒンギャという呼称を用いる。ロヒンギャは、日本では一般的に民族名と理解されるが、国際的には論争を呼ぶ呼称である。ミャンマー政府やミャンマーのメディアは、多くがベンガリー（ベンガル系という意味）と呼んできた。ベンガル地方（バングラデシュ）からの移民であることを明示するためである。一方でロヒンギャの活動家や人権団体は、ベンガリーを差別的な呼称だと批判し、ロヒンギャを民族名として認めるよう求めている。そのため、ロヒンギャという言葉の使用／不使用と政治的な党派性が結びつけられることがある。本書はそうした論争とは関係なく、便宜的にロヒンギャという呼称を使う。なお、ロヒンギャという言葉が一般的に使用されていなかった時代（一九五〇年代まで）については「ラカインのムスリム」など別の用語を用いる。

一、ミャンマーでは、一九八九年に英語名称の変更があった。たとえば、ビルマという国名がミャンマーになり、ラングーンという都市名がヤンゴンになった。本書では読みやすさを考慮して、変更前についても、現在の国名と地名を一貫して用いる。例外については括弧内で明記する。なお、ラカインには、アラカンという別の名称があり、英語では Arakan と表記されることも少なくないが、本書では組織名を除いて、ラカインに統一する。

一、民族名が地名と同じ場合、両者の混同が起きかねないため、民族名についてはラカイン人と「人」をつけることで、地名と民族名とを区別する。ただし、少数民族のひとつであるカイン人については、ラカイン人と見分けにくいため、英語では一般的なカレン（Karen）を使い、カレン人と表記する。多数派の民族はビルマ人とし、ミャンマー人と表記した場合は、少数民族を含めたミャンマー国民全体を意味する。

一、言語名は、ミャンマーの公用語がビルマ人の言語であるため、ミャンマー語とは表記せず、ビルマ語と表記する。

一、引用に含まれる括弧内の記述はすべて筆者による補足である。

一、引用文献、参照文献は必要最低限のみ本文中に明記する。本文で触れられなかったものは巻末の主要参考文献にまとめている。

東アジア地図

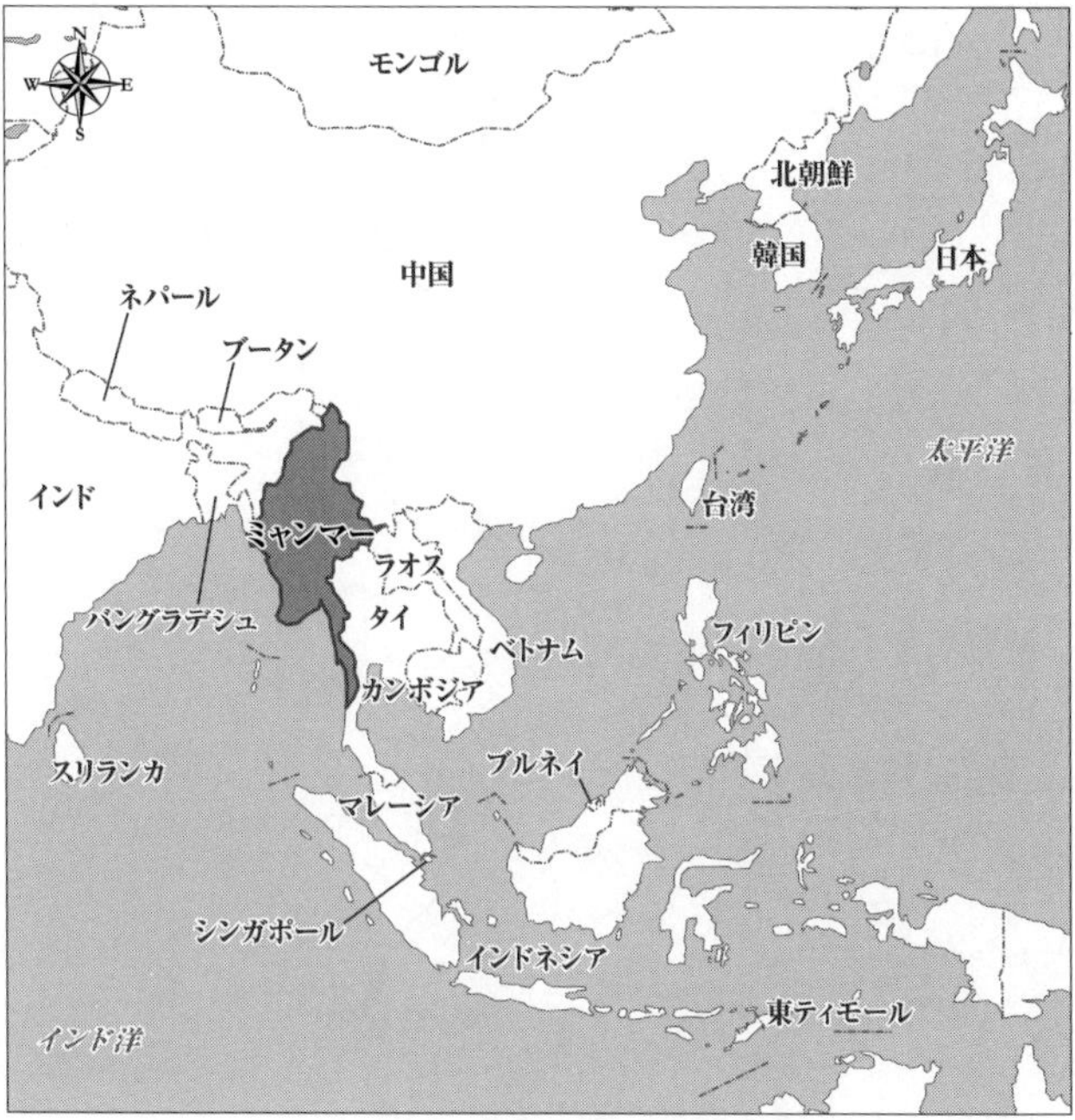
N
W
E
S
モンゴル
北朝鮮
韓国
日本
中国
ネパール
ブータン
太平洋
インド
台湾
ミャンマー
ラオス
タイ
バングラデシュ
フィリピン
ベトナム
カンボジア
スリランカ
ブルネイ
マレーシア
シンガポール
インドネシア
東ティモール
インド洋

ミャンマー地図

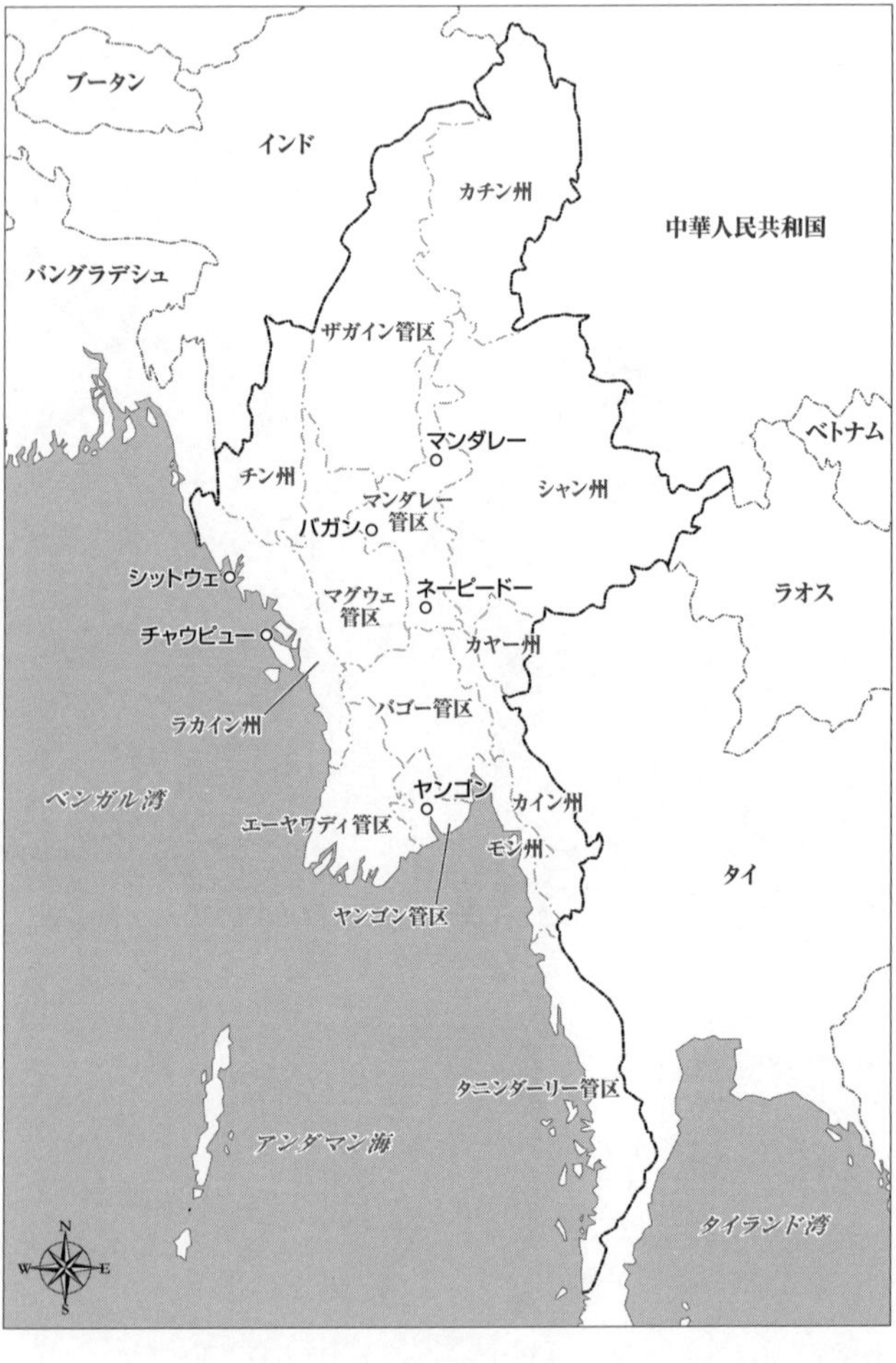
ブータン
インド
カチン州
中華人民共和国
バングラデシュ
ザガイン管区
マンダレー
ベトナム
チン州
シャン州
マンダレー
管区
バガン
シットウェ
ネーピードー
ラオス
マグウェ
管区
チャウピュー
カヤー州
ラカイン州
バゴー管区
ヤンゴン
カイン州
ベンガル湾
エーヤワディ管区
モン州
タイ
ヤンゴン管区
タニンダーリー管区
アンダマン海
タイランド湾
N
W
E
S

序章　難民危機の発生

ロヒンギャ危機は、何よりも大量の難民の発生が引き起こした人道上の危機であった。そこでまず、この難民の発生について基本情報を整理する。いつ、どこで、何が起きて、どれほどの人々がミャンマーからバングラデシュに流出したのか。さらに危機発生後、難民たちはどのように暮らしているのか。これらをみたうえで、最後に次章以降の内容を簡単に紹介する。

難民とアジア

二〇世紀は世界中で難民が生まれた。二度の世界大戦、冷戦下での地域紛争、冷戦後に頻発した内戦など、暴力的な紛争がその主たる要因だった。難民の世紀と呼ばれる所以《ゆえん》である。

世紀をまたいでも傾向は大きく変わらなかった。二〇〇〇年代にはアフガン戦争、イラク戦争が起きる。二〇一〇年代に入ると、中東での連鎖的な反政府民衆運動（「アラブの春」）、それに続くシリア内戦、イスラーム国の台頭など、中東の治安が急速に悪化し、難民が地域の内外

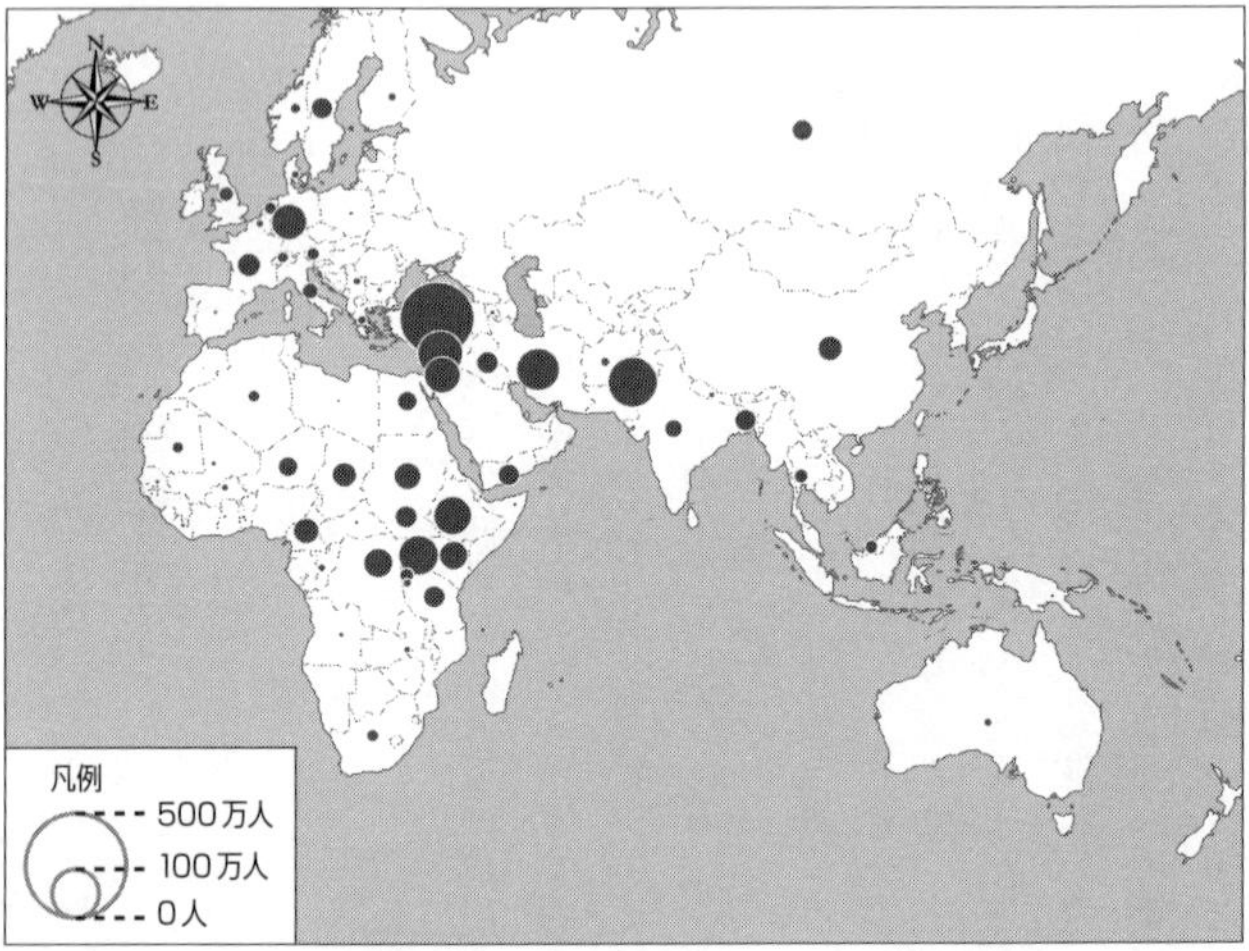

地図序―1　難民の世界分布（2016年末時点）

（出典）国連難民高等弁務官事務所（UNHCR）ウェブサイト上の地図を加工

に溢《あふ》れた。爆発的に増えた難民は、中東にとどまらず、地中海やトルコを経由して欧州に向かった。欧州への難民流入は、同地域の国際関係や国内政治、市民の社会生活に甚大な影響を与えている。

　国連機関である難民高等弁務官事務所（Office of the United Nations High Commissioner for Refugees：UNHCR）によると、二〇一九年の世界の難民数は約二六〇〇万人に及ぶ。

　難民問題に揺れる中東や欧州に比べ、アジア、特に東南アジアと東アジアでは、紛争を理由とした国内外への難民発生に注目が集まることは、ここしばらくなかった。

　地図序－1は、ロヒンギャ危機が勃発《ぼっぱつ》する前（二〇一六年末時点）の難民の世界的分布を地図で示したものだ。難民の発生と受け入れがアフリカ大陸、中東、南アジア、さらに欧州で広がっていることがわかる。対してアジアは、暴力的な紛争が相対的に少なく、難民の流出も抑えられてきた。

そんななか、二〇一七年八月二五日からわずか四ヵ月の間に、ミャンマー西部のラカイン州から隣国バングラデシュに七〇万人近くの人々が逃れた。アフガニスタンよりも東のアジア地域で、これほどの数の難民が発生したのは、一九七〇年代から八〇年代にかけてのインドシナ紛争以来のことである。

予兆のあった危機

ロヒンギャ難民の流出は、日本も含めて世界中で大きく報道された。ミャンマーは、日本にとって長年の友好国である。軍事政権が終わった二〇一一年以降は、日本政府からの経済支援や民間企業の進出が目立ち、海外からの直接投資の額もふくらんでいった。東アジアに広がった日本企業の国際的な生産分業のネットワークにおいて、ミャンマーは長く欠けていたピースだった。「アジア最後のフロンティア」と呼ばれ、日本の政府、企業関係者もひっきりなしに視察に訪れ、支援額や進出企業、民間投資も急激に増大した。ミャンマー・ブームとでもいおうか。その楽観的な期待が膨らむなかでの事件だった。

ただ、難民の流出がまったくの予想外だったわけではない。ミャンマーという国はずっと国内紛争と難民問題を抱えてきたからである。一九四八年の独立直後からビルマ共産党が武装蜂起し、カレン人やカチン人などの少数民族の武装勢力も各地に割拠した。暴力的紛争が、隣国のタイやバングラデシュへの難民を生み出した。タイとの国境に難民キャンプが設置されたのが一九八四年。それから三〇年以上たつが、いまも一〇万人近くの人々が国境沿いの複数のキャンプで暮らしている（そこからタイへと出稼ぎに行く人々も多い）。国内で避難生活をおくる、いわゆる国内避難民（Internally Displaced Persons）用の居住施設も各地にある。バングラデシュへも、二〇一六年一〇月から二ヵ月の間に約七万人の難民が出ていた。

それでもなお、二〇一七年の出来事が世界に驚きとして受け止められた理由は何だろうか。まずは、事件が起きた地域の地理的、社会経済的な情報を確認しておこう。

ミャンマー

ミャンマーは東南アジアの西に位置する（本書冒頭の地図参照）、人口約五四〇〇万人（二〇二〇年推計）の国である。国土は魚のエイのような形状で、北部はヒマラヤ山脈の東部にあたり、東南アジア最高峰のカカボラジ山（標高五八八一メートル）が最北端にそびえる。

ヒマラヤを源泉とするエーヤワディ川（イラワジ川とも呼ばれる）は国土を南北に縦断し、その中流域には広大な乾燥地帯が広がる。三〇〇〇を超えるパゴダ（仏塔）で有名な遺跡パガンは、エーヤワディ川中流域にある。下流のデルタ地帯は、一九世紀に開発が進んだ米の一大産地だ。とにかく米を食べるミャンマー人の食生活を支えている。

エイのしっぽにあたる国土の南は、マレー半島にかかり、沿岸域に未開発のマングローブ林、干拓、美しい砂浜も見られ、その西にはアンダマン海が広がる。国土全体は約六八万平方キロで、日本の約一・八倍、東南アジアではインドネシアに次いで二番目に大きい。

気候には地域的なばらつきがあるものの、デルタ地帯の場合、四〇度を超えて猛烈に暑い四月と五月が暑季、その後、六月から一〇月は曇り時々雨の天気が毎日のように続く雨季が訪れ、一一月から三月は雨の少ない乾季になる。

ミャンマーは一九四八年一月四日にイギリス植民地の地位を脱して独立した。独立時の首都は、イギリス植民地時代に政庁が置かれた、エーヤワディ・デルタの入り口に位置するヤンゴン（かつての名称はラングーン）だった。ヤンゴンは今も人口や経済の規模で第一の都市だが、首都機能は二〇〇五年にミャンマー中部にあるネーピードー（ヤンゴンから約三五〇キロ北）に移った。ネーピードーは広大な行政都市である。もともとは小さな村々と田畑、保護林があった地域を軍事政権が開発したものだ。タイへの天然ガス輸出で得た利益が新首都建設を財政面で支えたとされる。遷都の理由が占星術師の助言という噂《うわさ》もあったが、実際のところは、ヤンゴンが海に近いことで生じる軍事上のリスクを回避するためであった。

バングラデシュと接するラカイン州

ミャンマーはタイ、ラオス、中国、インド、バングラデシュの五つの国と国境を接する。最も長い陸路の国境は中国に接し、二一二九キロメートルに及ぶ。本書の舞台となるバングラデシュとの国境は、陸路で二七〇キロメートルと、五つの国との国境のなかで最も短い。この国境のミャンマー側にあるのがラカイン州である(地図序―2)。国境を越える場合、南のナフ川を渡るか、より北から山を越えるルートをとる必要がある。

行政区画は上から連邦―管区/州―県―郡―町区/村落区となっている。連邦は七つの管区(ビルマ語でタインデータージー、英語でRegion)と州(ビルマ語でピーネー、英語でState)からなる(首都は連邦政府直轄)。管区と州との違いは、管区には多数派民族のビルマ人が多く、州には少数民族が多いことである。ビルマ人は全人口の約六割を占める。少数民族は一〇〇を超え(政府の公式見解では一三五だが、この数には多くの異論がある)、そのうち人口の多い、カレン人、カチン人、カヤー人、シャン人、チン人、モン人、ラカイン人には、それぞれその名を冠した州がある。したがって、ラカイン州ではラカイン人が多い。

現行のミャンマー連邦共和国憲法(以下、二〇〇八年憲法)は連邦制を謳《うた》っており、地方政府に財政、徴税、開発計画などの各種権限が与えられることが想定されている(憲法附則の一)。当初、州には管区よりも広範な自治が与えられるはずだった。しかし、地方分権化が停滞しているため、管区と州の違いは行政区画の名称に過ぎないのが現状である。

ラカイン州の広さは三万六七六二平方キロで、州の東部にはアラカン・ヨーマと呼ばれる山脈が走る。六月から一〇月はベンガル湾の湿気を帯びた強い偏西風が吹いて、アラカン・ヨー

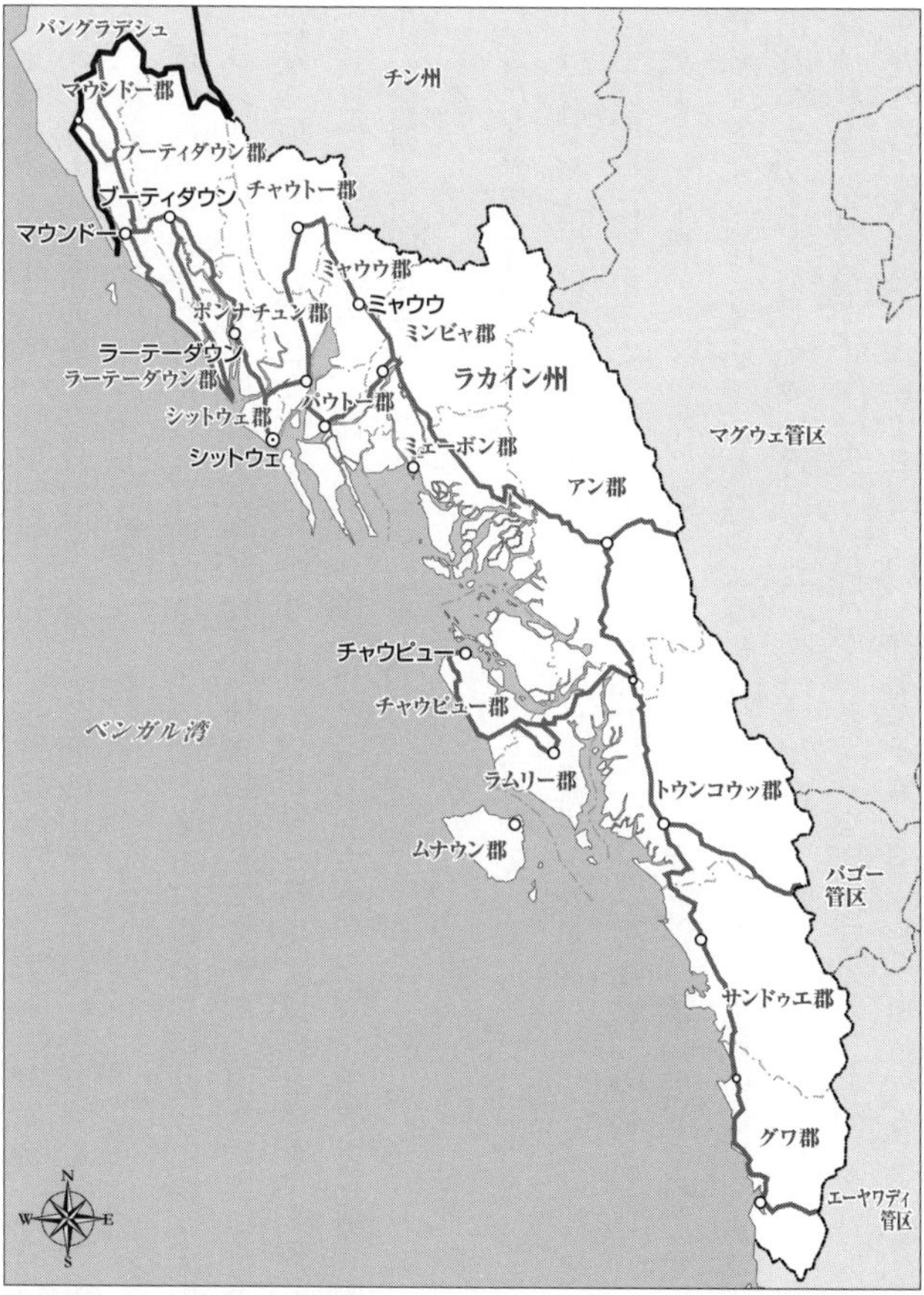

地図序―2　ラカイン州地図

マにあたって上昇気流を生み出す。上空で冷やされた気流は雨雲となり、多くの雨をもたらすため、ラカイン州の降雨量は非常に多い。年間降雨量は五〇〇〇ミリを超え、これはヤンゴンの二倍弱で、東京の三倍以上になる。

雨のほとんどは六月から九月の雨季に集中的に降る。州内を流れる主要な河川はカラダン川とラムリー川で、その周囲には肥沃な稲作地帯が広がっている。雨季には陸路での移動が困難になる地域も多い。こうした自然条件が、ミャンマー中央平原部とラカイン州とを隔てる自然の壁となって、両者の交流を制限してきた。その一方で、ビルマ平原とは違う固有の王権や文化の発展を可能にさせてきたともいえる。

ロヒンギャとは誰か

ロヒンギャとは誰で、その人口はいったいどれほどなのか。

この問いに答えることは、実はとても難しい。難しい理由は二つある。

まず、アイデンティティの輪郭がはっきりしない。次章で詳しくみるが、ロヒンギャという呼称がビルマ語と英語で使われるようになったのは一九五〇年代のことである。ラカイン北部出身のエリートたちが使いはじめた。チッタゴン訛《なま》りのベンガル語（最近ではロヒンギャ語とも呼ばれる）を母語とするラカイン出身のムスリムを、集団として名づける意図が背景にあった。

一九八〇年代には、ロヒンギャという言葉が次第に国際的に知られるようになったが、それでも、当のムスリムたちのあいだではまだ浸透していなかった。ロヒンギャが彼ら自身の民族名として認識されるようになったのは、ごく最近のことだと考えられている。宗教や言葉や慣習の共通性はあるため、特定の呼称がなくとも、何らかの集団意識はあったはずだが、名称からでは集団としての輪郭をつかむことがとても難しいのである。

次に、統計があてにならず、ロヒンギャの正確な人数がわからない。二〇一四年にミャンマーで三一年ぶりの人口調査（センサス）が実施されたが、ラカイン州北部の一部で、治安への悪影響や調査を拒否する住民が多いなどの理由から、およそ一〇九万人について調査ができなかった。地方行政を統括する内務省と、出生届や死亡届のような公的書類の届け出先である労働・移民・人口省が、それぞれ人口を把握してきたが、ロヒンギャは無国籍者が多く、政府との接触を避ける傾向があり、その統計が正確かどうかは常に疑う必要がある。

これらの限界を踏まえたうえで、便宜的にロヒンギャを以下のように広く定義して、その人数を把握したい。ロヒンギャとは、ラカイン州出身のムスリムで、ロヒンギャであると自覚する人々と、その自覚はなくても、他の民族的なアイデンティティを特に持っていない人々のことである。以下でその人口と分布の把握を試みる。

まず、ラカイン州全体の人口は約三二〇万人である。これはミャンマー全人口の約六％にあたる。参考までに比較すると、国境のバングラデシュ側の行政区域はチッタゴン管区で、その広さは三万三七七一平方キロとラカイン州よりやや小さいものの、人口は一〇倍以上の約三一

北部4郡							
マウンドー郡		ブーティダウン郡		ラーテーダウン郡		シットウェ郡	
人口	割合(%)	人口	割合(%)	人口	割合(%)	人口	割合(%)
29,915	6.0	44,934	14.6	127,272	76.3	137,189	59.6
459,932	92.8	260,635	84.6	38,763	23.2	89,498	38.9
70	0.0	69	0.0	524	0.3	166	0.1
1,408	0.3	1,050	0.3	196	0.1	556	0.2
4,062	0.8	1,571	0.5	21	0.0	2,664	1.2
495,387	100	308,259	100	166,776	100	230,073	100

図表序－1　ラカイン州と北部4郡の民族別人口（2017年の危機発生前）

（出所）ラカイン州各群のTownship Profileより算出

九八万人である。つまり、ラカイン州の人口密度は、国境を越えて隣接するチッタゴン管区の約一〇分の一ということになる。人口密度の違いだけで人の移動は説明できないが、この差が、ミャンマー政府がバングラデシュからの不法移民流入を警戒する理由のひとつになってきた。

話を戻そう。民族別の人口は調査の結果が公表されていない。民族間の関係が悪化することを政府が憂慮したためだといわれている。他方、宗教別の人口は二〇一六年に発表された。それを見ると、全人口のうち、仏教徒は八七・九%で、圧倒的多数である。ミャンマーが仏教国と呼ばれる所以だ。キリスト教徒が六・二%、ムスリムが四・三%、ヒンドゥー教徒が〇・五%と続く。

前述のように、ラカイン州の人口調査には推計でおよそ一〇九万人の情報が含まれていない。そこで代わりに、内務省が郡（ビルマ語でミョーネー、英語でtownshipと呼ばれ、全国に三三〇ある）ごとに作成した人口情報をここでは用いる。それには、民族別の人口と、「外国人」の数が掲載

	ラカイン州全体	
	人口	割合(%)
ラカイン人	2,066,199	64.6
ロヒンギャ	992,739	31.0
チン人	103,452	3.2
ビルマ人	15,253	0.5
その他	20,913	0.7
合計	3,198,556	100

されている。ロヒンギャはバングラデシュからの不法移民とみなされてきたため、この「外国人」のなかの、「パキスタン人」あるいは「バングラデシュ人」としてカウントされている。その数字にもとづいて、二〇一七年の難民危機発生前のラカイン州の人口規模と「民族」の構成を示したのが図表序−1である。

ラカイン州に住む主要な民族は、全体の六四・六%を占めるラカイン人（ほとんどが仏教徒）と、三一%を占めるロヒンギャだ。ビルマ人は極めて少数（〇・五%）である。ラカイン州はラカイン人とロヒンギャが主に社会を構成していることがわかる。ロヒンギャ人口は約九九万人だが、政府に把握されていない人々もおり、この数字は、最低限の数字とみていいだろう。

人口の地理的分布の偏りもみておきたい。先程の図表序−1をみると、ロヒンギャのほとんどがラカイン州の北部四郡（マウンドー郡、ブーティダウン郡、ラーテーダウン郡、シットウェ郡）に集中していることがわかる。バングラデシュと接するマウンドー郡では、人口の九二・八%を占める（九七%という推計もある）。この北部四郡への偏りをよりわかりやすく示すのが地図序−3である。これは二〇一四年の人口調査をもとにミャンマー全土の人口密度を表している。

色の濃い部分は人口がより稠密《ちゅうみつ》な地域だ。西に飛び地のように離れて色が濃いのがラカイン州北部の四郡だ。非仏教徒がこれほど集住する地域は、ミャンマー全土でここだけである。

さらに考慮する必要があるのは、ロヒンギャ移民が世界各地に形成するディアスポラである。サウジアラビア、アラブ首長国連邦、パキスタン、インド、タイ、マレーシア、インドネシア、オーストラリア、日本の群馬県館林《たてばやし》市にもロヒンギャのコミュニティがある。そのうち最大のものはパキスタンのカラチにあるコミュニティで、規模は二〇万人から三五万といわれる。その他の国の推計も合わせると合計で七〇万人ほどである。それにラカイン州以外に住むミャンマー国内のロヒンギャが二〇万人とされており、これらを足し合わせると、全世界で約二〇〇万人いるとみるのが妥当なところだろう。

ムスリムとロヒンギャとの違い

ミャンマーにはロヒンギャの他にもさまざまなムスリムがいる。イスラームを信仰するビルマ人であるバマー・ムスリムもいれば、中国やインドも往来しながら行商人として長く暮らしてきたパンデーと呼ばれる中国系のムスリムもいる。南のタイ国境にはパシューと呼ばれるマレー系ムスリムがいて、ヤンゴンのような都市部には、植民地期に南インドから渡ってきた移民の子孫も多い。ラカイン州にも、カマンのようにロヒンギャとはアイデンティティの異なるムスリムがいる。ロヒンギャも含めて多くはスンナ派だが、言語や文化にはそれぞれ違いがあ

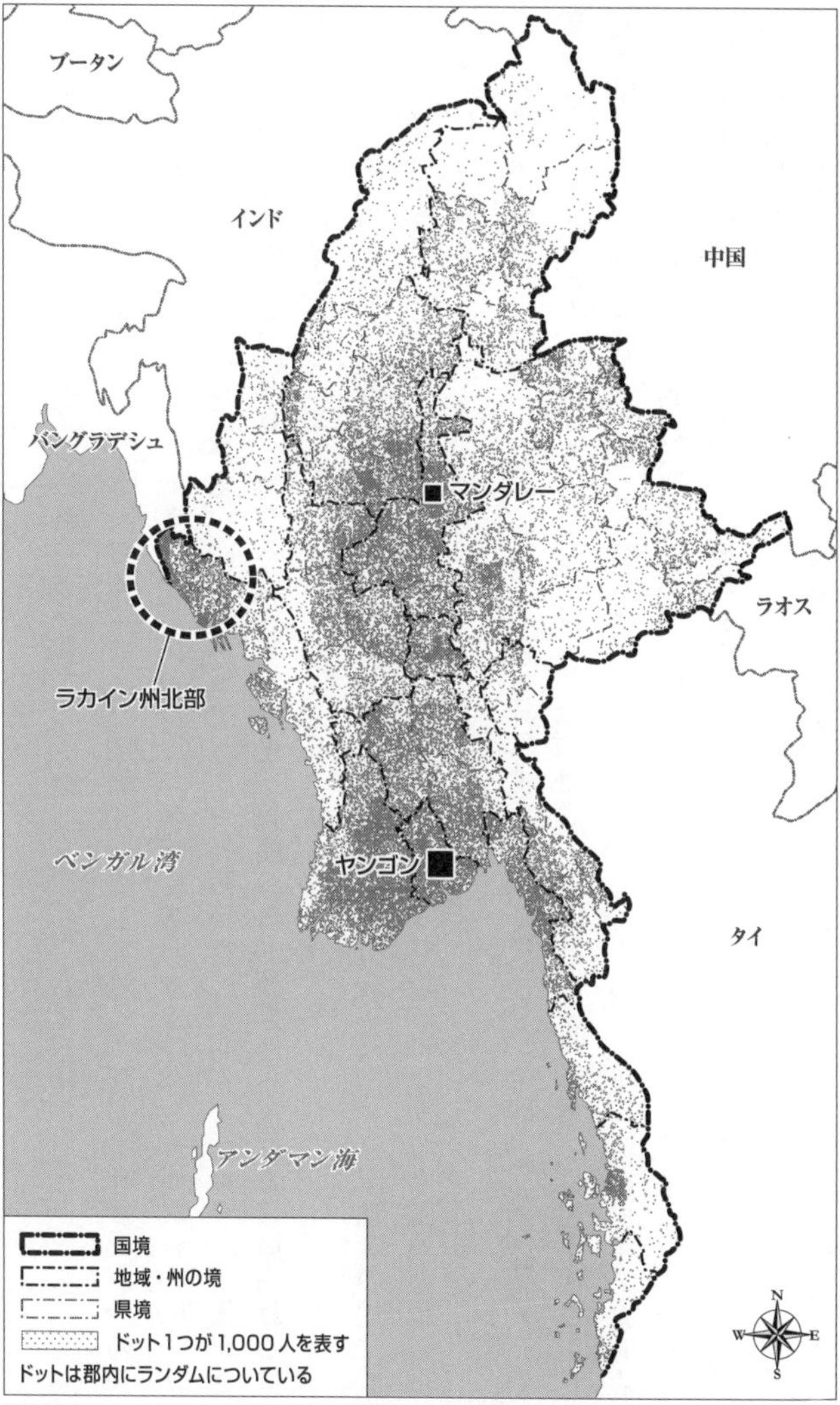

地図序－3　ミャンマーの人口分布

（出典）*Census Atlas Myanmar: The 2014 Myanmar Population and Housing Census*, p.11

る。

彼らとロヒンギャは何が違うのか。

最も違うのは国籍の有無だ。多くのムスリムは国籍を取得している。対してロヒンギャの多くは、国籍取得が認められてこなかった。ミャンマー政府が彼らをバングラデシュからの不法移民だと認識してきたからである。一方、バングラデシュ政府は、彼らがミャンマー国民だと主張する。両政府の見解が真っ向から対立した結果、両国から国籍を付与されず、無国籍の状態に置かれたわけである。

ここで無国籍について簡単に説明しておこう。国際法上の無国籍者は、「無国籍者の地位に関する条約」(一九五四年)の第一条一項に定義があり、「いずれの国によっても国民と認められないもの」をいう。

さらに無国籍は、「法律上の無国籍者」(de jure stateless person/s)と「事実上の無国籍者」(de facto stateless person/s)に分かれる。「法律上の無国籍者」とは、出生時あるいは出生後に生じた事情により、法令に従った国籍が付与されていない人たちである。本来、人は出生した時点で、両親あるいは両親どちらかの国籍国の法令の適用が期待されるが、それがない。一方で「事実上の無国籍者」とは、国籍を取得しているが、国民として享受しうる権利や保護を国籍国から受けられない人たちである。

ロヒンギャの多くは「法律上の無国籍者」にあたる。ミャンマーの国籍法(一九八二年改正)

は、血統で国籍の有無を定める血統主義を採用している。両親のどちらかがミャンマー国籍を持っていれば国籍が付与される父母両系血統主義である（第2章で詳述）。したがって、国籍を認められない人々は、どれだけ長くミャンマーに住んでいても、子々孫々にわたって国籍取得に希望は持てない。

ラカイン州の経済的停滞

ミャンマーでは、二〇一一年の民政移管により軍事政権が終わった。その後、経済改革が進み、アメリカによる制裁も緩和されると、かつてない経済成長の時代が訪れる。年率六％から七％の成長率を記録した。新型コロナ禍前の国際金融機関の予測でも、同程度の比較的高い成長率が期待されていた。

とはいえ、一九七〇年代から成長を続けてきたアジア諸国に遅れをとること数十年。長い軍事政権下で続いた停滞の弊害は大きい。国際通貨基金（IMF）によれば、一人当たりの国内総生産（GDP）は一二三八米ドル（二〇一九年）と、東南アジアでカンボジア、東ティモールと並んで域内最低水準だ。経済発展で豊かさを享受しているのは国民のごく一部で、格差は大きい。

この、開発途上国であるミャンマーのなかでもラカイン州は最貧困地域だ。

各種の調査結果を整理した岡本郁子《おかもといくこ》によると、管区や州のなかでラカイン州は極端に貧しく、貧困層の一四・九％がこの州にいる（人口比は六・二％）。さらに南北間にも差がある。州人口の八三％が住む農村部には、トイレ設備のない世帯が四六％を占め（全国平均は約九％）、就学率も全国平均より低い。住民の所得は、北部が南部よりも低く、北部の平均所得は南部の四二％から八四％相当に過ぎない。すでにみたように、ラカイン州北部はムスリムが多数を占める。つまり、貧困層の多いラカイン州のなかで輪をかけて貧しいのがロヒンギャなのである。加えて、ムスリム社会一般の傾向でもあるが、北部での女子の就学率が男子よりも低い。

こうした経済格差に不満を抱いても、無国籍であるロヒンギャは泣き寝入りするしかない。耐えられなくなれば、危険を承知のうえで都市部や海外に移動する。二〇〇〇年代後半になって、同地域からの密航船がタイやマレーシア沖で当局に保護されることが相次いで国際的に話題になったが、国籍の問題と経済的な苦境がその背景にはあった。

さて、少し長くなったが、ミャンマー、ラカイン、ロヒンギャの基礎情報がこれでそろった。次に難民危機の発生をみていこう。

紛争の発生

二〇一七年八月二五日の未明から翌日にかけて、ミャンマー国軍と国境警備警察（Border Guard Police）の施設三一ヵ所が襲撃を受けた。襲撃を主導したのは、アラカン・ロヒンギャ救世軍（Arakan Rohingya Salvation Army：ＡＲＳＡ）という武装組織だ。「アーサ」と呼ばれることが多い。組織名にあるArakan（アラカン）とは、ラカイン地域の別名で、英語ではこの地名が長く使われてきた。この襲撃についてARSAは、ミャンマー政府がロヒンギャを長年抑圧してきたことへの抵抗が目的だとしている。

襲撃直後、国軍副司令官がティンチョー大統領（当時）に説明を行い、それを受けて政府は、ARSAを対テロリズム法にしたがってテロリスト団体に指定した。続けて、大統領がラカイン州北部を軍事作戦地域に指定し、軍事作戦の遂行を許可した。掃討作戦は、公式には九月四日まで一一日間続いたとされる。作戦が現場で実際にどのように遂行されたのかは、信頼できる調査が十分に行われておらず、不明な点が多い。そのため、紛争の解釈はふたつに分かれてきた。

国連人権理事会（United Nations Human Rights Council：UNHRC）が設置した、独立国際事実解明ミッション（Independent International Fact-Finding Mission：IIFFM）や、アムネスティ・インターナショナル、ヒューマン・ライツ・ウォッチのような人権団体は、国軍が、特定の集団の殲滅《せんめつ》を図るジェノサイドを実行した可能性が高いと主張する。他方で、ミャンマー国軍は、襲撃に対抗して軍事作戦を遂行したまでだと主張する。民族浄化やジェノサイドの意図はなかったというのである。

この、ジェノサイド疑惑については、第4章と第5章で検討する。ここでは、武力衝突がラカイン州北部の複数箇所で発生し、国軍とARSA双方、さらに民間人（主にムスリム）にも相当数の死傷者が出たと理解してもらえば、とりあえずはよい。

流出するロヒンギャ難民　ロイター/アフロ

難民の流出

武力衝突の直後から難民の流出が起きた。UNHCRによると、八月二九日までの五日間に、確認できるだけで五二〇〇人ほどがバングラデシュに逃れ、数千人が国境付近に集まっていたという。国際機関の要請と人道的な見地から、バングラデシュ政府は国境を封鎖せず、紛争の勃発から二週間で難民の数は約二七万人に膨れ上がった。一日平均で二万人近くが国境を越えた計算になる。

さらに流出は続き、事件発生から約二ヵ月後の一〇月二〇日には、推計で五八万二〇〇〇人がバングラデシュ側に到着していた。ペースは少しずつ落ちながらも流出は続き、三ヵ月が過ぎた一一月二四日には六二万四〇〇〇人、一二月の半ばには六五万五〇〇〇人となり、翌年の一月には、流出総数が現状に近い六八万八〇〇〇人に達した。それに、以前から難民キャンプにいた二一万二〇〇〇人、さらにキャンプ外に暮らすなどUNHCRが把握していない人々も含めると、難民の累計は約一〇〇万人と見積もられている。

これだけの数の人が着の身着のままで避難する姿は、日本人の多くには想像できないに違いない。流出がはじまって間もない頃に撮影された、英国放送協会（BBC）の「死を逃れて――ロヒンギャ難民危機」というニュース映像がある。陸路でバングラデシュに逃れるロヒンギャの様子が映し出されている。老若男女さまざまな人たちが、荷物を詰めた袋を頭に載せたり、両端に荷物やカゴをくりつけた棒を肩にかついだりして、悪路や小川を越えていく。赤ちゃんを抱えた母親も多い。老婆を抱えた男性もいる。鶏を抱えた子供もいれば、学校の制服を着た女の子も含まれていた。決死の思いで国境を越えても、食事や寝床の保証はない。壮絶な経験だっただろう。

流出の速度も異例だった。四ヵ月足らずで六八万人である。たとえば、現在およそ三五〇万人のシリア難民がトルコにいる。一国に滞在する難民の数としては世界最大規模だ。そのトルコのシリア難民が六八万人に到達するのには、二〇一一年の内戦勃発から二年三ヵ月を要した。これほどの短期間で約六八万人のロヒンギャが国境を越えたことの衝撃がわかるだろう。

難民が急増すれば保護の提供が困難になる。食料や水、住居、医療従事者や医療器具など、難民保護のために必要なあらゆるものが不足する可能性が高くなるため、流出速度が上がれば上がるほど、人道的な危機に直結するのである。

難民の保護

この未曽有《みぞう》の難民危機に、難民や移民の保護を担当する国連機関であるUNHCRや国連移住機関（International Organization for Migration：IOM）、また、赤十字国際委員会（International Committee of the Red Cross：ICRC）、国境なき医師団（Médecins Sans Frontières：MSF）などの難民支援にかかわる国際NGOも迅速に動いた。バングラデシュは難民の保護を義務付ける難民条約を締結しておらず、過去には難民の定着を恐れて支援に消極的だった。だが今回は、問題の大きさやムスリムの同胞に対する支援を求めるバングラデシュ国内野党の突き上げもあり、国際機関への積極的な協力に方針を転換した。

旧来のキャンプが整理され、さらに新設のキャンプも加わって、いまや三四の地区に分かれた巨大な難民居住区がコックスバザールに生まれている。難民の多くが暮らす「クトゥパロン・バルカリ拡張サイト」には二三のキャンプが集中しており、総人口は二〇一〇年四月三〇日時点で五九万八一九五人と、世界で最も大きな難民居住地域である（地図序－4）。主な住人はロヒンギャだが、ヒンドゥー教徒の難民もいる。

出色の難民キャンプレポートである『ロヒンギャ難民100万人の衝撃』で、筆者の中坪央暁《なかつぼひろあき》は、この巨大な難民キャンプを「竹材とビニールの大都市」と呼んでいる。筆者も二〇一九年八月に現地を訪問し、広大で起伏のある地形に所狭しと並ぶ小屋の数に圧倒される経験をした。

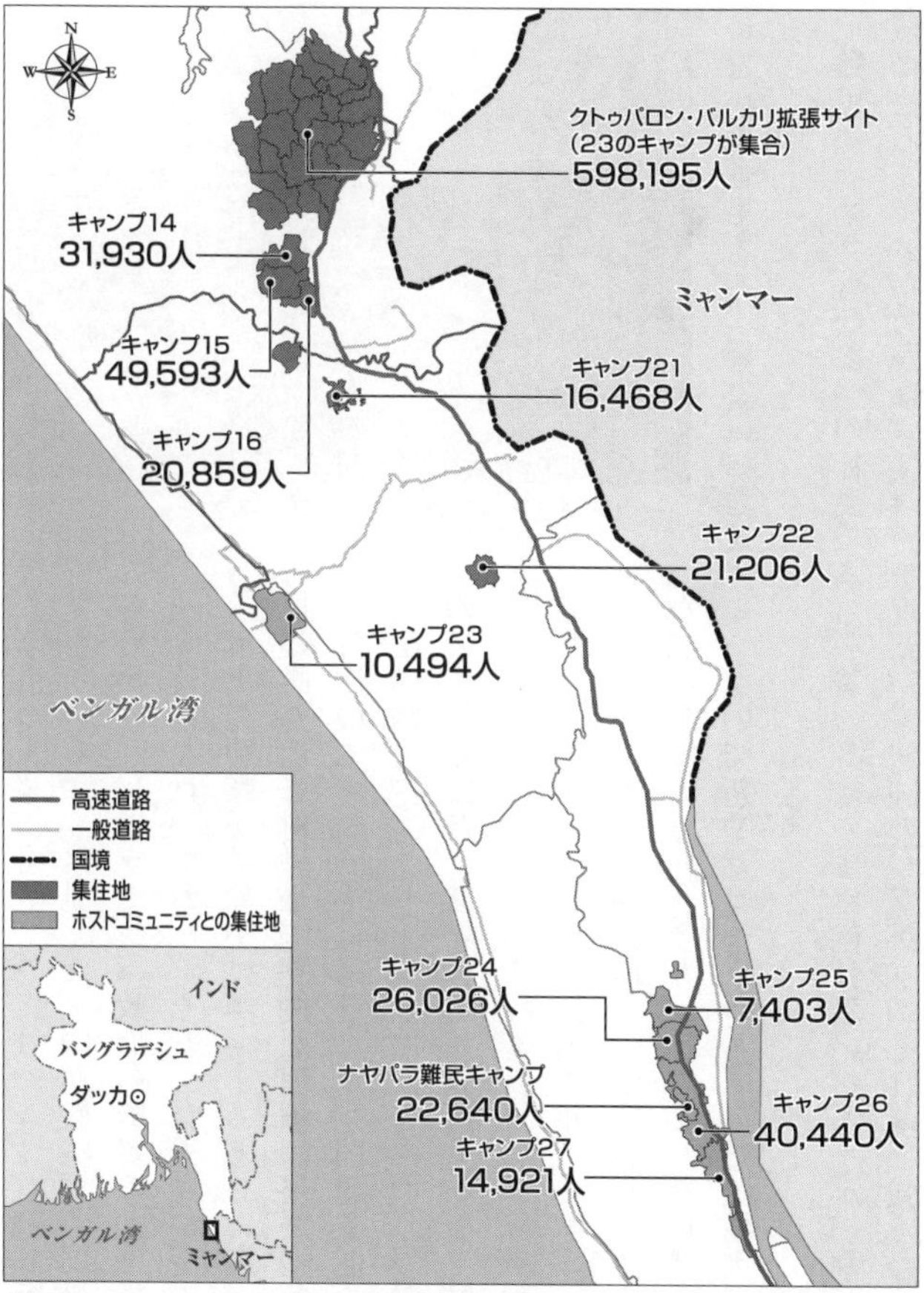

地図序―4　コックスバザール難民キャンプ

（出典）国連人道問題調整事務所(OCHA)ウェブサイト上のInter Sector Coordination Group作成の地図

コックスバザールの難民キャンプ　AP/アフロ

流出から約二年がたち、キャンプでは一定の平穏がおとずれているように見えた。国連機関、各国の援助機関やNGOが、バングラデシュ政府の監督のもとでキャンプの管理・運営を行っており、そうした人々の努力の賜物《たまもの》だろう。

　流出の衝撃が世界中にニュースとして広がったため、支援の必要性に対する国際的な理解は早かった。流出から二ヵ月後の二〇一七年一〇月には、国連主催のドナー会議で三億四四〇〇万米ドル（約三八五億円）の緊急人道支援が約束されるなど、世界各国、諸団体から支援金が集まった。イスラーム諸国からの支援も目立ち、筆者も、キャンプ内でクウェート、アラブ首長国連邦、トルコ、サウジアラビアといった国々の国旗のついた施設や家屋の多かったことを記憶している。サイクロンのような自然災害に襲われていない幸運もある。いまは、難民キャンプ内で新型コロナウイルスの感染拡大が憂慮されている。

　難民キャンプもひとつの社会である。着の身着のまま流れ着いた人々が、割り当てられた地域に住んでできた特殊なコミュニティだ。家族間のつながりがそれほど強くないため、コミュニティの持つ秩序維持能力に限界があって治安上の不安が指摘されている。人身売買や売春、ドラッグ密輸などの犯罪の報道や報告もある。加えて、キャンプ内でのマフィアや政治勢力の暗躍もうかがわれる。朝日新聞の現地取材によると、武装集団であるＡＲＳＡの活動がキャンプ内で活発化しており、帰還を望む難民に対して帰還をやめるように脅すこともあるという。将来の見通しが立たないなか、さまざまな不安とともに人々は過ごさなければならないのである。

難民キャンプでビルマ語を学ぶ子供たち（2019年8月撮影）

なかでも深刻なのは子供たちの将来に関する不安だ。難民全体に占める〇歳から一一歳までの子供の割合は三八％と非常に高く、国際ＮＧＯのセーブ・ザ・チルドレンによると、今後、年間五万人の新生児がキャンプ内で誕生するとみられている。キャンプ内では、出産時の衛生環境に問題があることはもちろん、成長した子供たちが十分に教育を受けられる保証はない。仮に教育を受けられても、その後の就業機会は乏しく、将来に希望を持てない状況である。

いま最も必要とされているのは、一〇〇万人を超える難民たちが、キャンプ内で少なくとも最低限の生活を維持し、なるべく早い段階で、できればかつて住んでいた場所に、自身の意思で安全に帰還することだろう。

難民帰還は、二〇一七年一一月二三日にミャンマー政府とバングラデシュ政府との間で合意されている。その後、国連機関の関与にミャンマー政府が難色を示し、具体的な帰還の手続きづくりに時間がかかったものの、二〇一八年六月六日、UNHCRと国連開発計画（United Nations Development Programme：UNDP）、ミャンマー政府の三者間で覚書が結ばれて、帰還事業の具体的な筋道が定まった。ところが、この公式プロセスを通じた帰還がまったくといっていいほど進んでいない（非公式に帰還した難民たちはわずかながらいる）。残念なことではあるものの、これは筆者も含め多くの関係者が予想した結果でもあった。

本書の視角と構成

難民が置かれた環境や将来的な不安は、本章でもその一部を紹介したように、すでに多くの報道や書籍、国際機関のレポートがある。是非、そちらも参照していただきたい。キャンプや難民の様子がもっと理解できるだろう。対して本書が考えたいのは、以下のような問いについてである。

いったいどうしてロヒンギャは無国籍になったのか。彼らを軍事政権はどのように弾圧してきたのか。ラカイン州北部で過去最大規模の紛争と難民危機が、このタイミングで生じたのはなぜか。それはどういった紛争だったのか。なぜアウンサンスーチーは国軍によるジェノサイドを認めないのか。正義を実現しようとする国際的な取り組みが、どのようにミャンマー国内で反発を生み、問題の解決を難しくしているのか。

こうした問いを念頭に置きながら、各章では以下のように検討を進める。

第1章では、歴史的な文脈をたどる。王朝時代から、一九四八年に独立するまでのミャンマーとラカインの歴史をみながら、いかにして植民地期に流入したインドやベンガルからの移民たちが、ミャンマー人という集団意識の外、すなわち「国民の他者」に位置づけられていったのかみていきたい。

第2章では、五〇年近く続いた軍事政権下で、ロヒンギャがどのように弾圧を受けてきたのかをみる。軍事政権の性格と、軍事政権がどのようにロヒンギャを安全保障上の脅威と位置づけていったのかを考察したい。危機を生み出した根本的な原因を検討するには、ミャンマーの特殊な軍事政権と、その安全保障観についての理解が不可欠である。

第3章で考えたいのは、どうしてこのタイミングで危機が起きたのか、その理由である。これにはミャンマーで二〇一〇年代に進んだ民主化の進展が関係している。民主化の進展は、一方で人々に自由を与えたが、他方で紛争の原因となる宗教対立をも生み出した。反イスラーム的な言説や運動の拡大、少数民族地域での民族ナショナリズムの高揚、民主的政権と国軍との対立などである。民主化は紛争の導火線に火をつけたといえる。

第4章は、二〇一七年八月二五日に勃発した国軍とARSAの武力衝突、その後の国軍による掃討作戦で実際に何が起きたのかを検討する。前述の通り、真実は今も謎に包まれている。そこで、現在わかっていること、わかっていないこと、関係者で食い違う事実認識を丁寧にみていきたい。本書は真実を解明するものではないが、少なくともその争点は明らかにしていきたい。

第5章では、国際政治に目を転じる。危機の発生直後からジェノサイド疑惑が浮上し、国連、とりわけ国連人権委員会と、国際司法機関で、ミャンマー政府と国軍を国際法上の罪に問う動きが活発化した。対して、アウンサンスーチーはジェノサイドを否定している。なぜなのか。国際政治におけるロヒンギャ危機発生後の争い、そしてその国内社会への影響をみる。

終章では、難民帰還の行方を見据え、ラカイン州での平和構築のあり方、さらに、日本が果たすべき役割を検討しよう。ロヒンギャ危機のひとつの特徴は、国連や国際司法、欧米の圧力が十分に機能していない点にある。こうした状況下で、日本が国連に歩調を合わせれば、ミャンマー政府との関係悪化を覚悟しなければならない。関係悪化にくわえて、難民帰還も責任追及も進まない可能性がある。そうしたリスクをとるべきなのか。国際介入をめぐる理想主義と現実主義という古くて新しい問題を考える。

第1章　国民の他者——ラカインのムスリムはなぜ無国籍になったのか

本章ではロヒンギャがなぜ、どのように無国籍者になったのかを歴史的に考察したい。無国籍者が生まれる過程を二つに分けよう。ひとつは、国民という帰属意識が形成されるなかで、特定の人々が、国民ではない者、言い換えれば「国民の他者」として位置づけられていく過程である。これを本章で検討する。もうひとつは、国家という統治機構がその権力を使って、特定の集団の権利を制限したり、それを奪ったりする過程である。これを「国家による排除」と呼び、次章で検討しよう。

以下では、前近代から書き起こし、イギリスによるラカインとミャンマー全土の植民地化、一九四八年の独立、そこから一九六二年の軍事クーデターまでの時期を扱う。なかでも重要なのは、植民地化による近代国家の建設と経済開発がもたらした社会の変容が、一方で植民地支配に抵抗するナショナリズムを生み、他方でムスリムを含むインドからの移民を敵視する考え方を生んだことだ。その論理を明らかにしたい。

すでに序章でも述べたが、ロヒンギャという集団名は一九五〇年代に生まれたため、一九四〇年代までの記述ではロヒンギャという言葉を使わないことにする。この集団名がいかにして生まれたのかについては本章の最後にみる。

1　大英帝国の辺境で形成された国家

開かれたムラウー朝とその崩壊

近代的な国家もなければ、国籍という概念も存在しなかった時代から話をはじめよう。

一四世紀初頭、ベンガル湾の東にあるラカイン沿岸部の支配をめぐって、エーヤワディ川中流域を拠点とするビルマ人の王朝と、下流域を支配したモン人の王朝が争った。ビルマ王朝の侵入を受けて、それまでラカインを支配してきたナラメイフラ・ミンソーモン王が、西のベンガル地域に逃走する。その後、しばしの間、この地では混乱が続いた。

一四三〇年にミンソーモン王は、インドのムガール朝の支援を受けて、ムスリムたちを兵士とする軍隊とともにラカインに戻ったとされる。同王は、現在のラカイン州北部、ベンガル湾からカラダン川に沿って東に一〇キロほど内陸に入ったムラウーを中心に王朝を再建した。王都の名からムラウー朝と呼ばれる。

このムラウー朝は三五〇年以上続いた。日本の江戸時代よりも一〇〇年近く長く、歴代の王は四七人にのぼる。繁栄した王朝だった。

　ムラウー朝は上座部《じょうざぶ》仏教を正統性の原理としたが、非仏教徒やラカイン人以外の民族を排除することはなく、開かれた王朝だったといえる。その最大の理由は、この王朝が海を通じた貿易と軍事力に支えられていたためである。当時、インドのムガール朝もビルマの王朝も海軍を持っていなかったが、ムラウー朝は数千といわれる所有船で、西はベンガル地方の南部、東はエーヤワディ川の下流域にまで支配領域を拡大することもあった。

ムラウー朝を描いた絵画（1676）

　開かれた王朝という特徴は、統治下の人々の多様性にも反映されていた。一五八〇年には、ベンガル地方の港町チッタゴンから、奴隷として大勢のムスリムをラカインに移住させている。当時、奴隷は土地以上に重要な資源で、戦利品として運ばれることが一般的だった。

　また、王朝はムスリムの自発的な移住も拒まず、ムスリムは領内で農業に従事しただけでなく、軍人や行政官としても登用された。一七世紀には、宮廷にムスリムの大臣や宮廷詩人がいたことが、同時期のヨーロッパ人の記録によって明らかになっている。初代から一一代目までの王はイスラーム名を併用していたこともわかっており、王朝が鋳造した貨幣には、イスラーム教のカリマ（「アッラーの他に神はなし。ムハンマドはアッラーの使徒である」という文言）が刻まれていた。キリスト教徒（多くはポルトガル人）も船の乗員として働いていた。宗教的に多様な社会が広がっていたのである。

このムラウー朝が一七八四年に、ビルマ人の王朝であるコンバウン朝の侵攻によって滅びた。王族はコンバウン朝の王都（エーヤワディ川中流域にあるアヴァ）にある僧院に幽閉されてしまう。大臣など要職にあった者とその家族も、王都に移動を命じられ、ラカインに戻ることを禁じられた。同王朝の象徴でもあった高さ三・八メートルのマハムーニー仏像は、ムラウーから運び去られた（のちにマンダレーに移されて現在に至る）。この侵略と仏像移設は、いまもラカイン人の間で「屈辱」として記憶されている。

ラカインを手中におさめたコンバウン朝は、王都から離れたラカインに中央集権的な支配を持ち込んだ。地方行政官を中央から派遣し、現地の有力者たちの力は弱まった。ラカインのサンガ（仏教僧の集団）もコンバウン朝のサンガの下に位置づけられた。

ラカイン史を専門とするマイケル・チャーニーは、ムラウー朝からコンバウン朝への変化を「吸引力から支配へ」と呼んだ。もともと人口の希薄な土地に、ベンガル湾を通じてヒトとモノを引き込むことで繁栄したムラウー朝から、ビルマ人が離れた王都を拠点に支配する辺境地域へと変貌したのである。

このコンバウン朝の統治下で、ラカインは明らかに衰退した。同王朝による弾圧を嫌って、ムスリムに限らずラカイン人も含めて、チッタゴンに多くの難民が流出していたことが、当時のイギリス東インド会社の記録に残っている。これが、記録に残るラカインとベンガルとの間の最初の難民問題といってよいだろう。ちなみに、チッタゴンに逃れたラカイン人の子孫は、いまもバングラデシュのチッタゴン丘陵などで仏教徒として暮らしている。

結局、コンバウン朝によるラカインの支配はそう長く続かず、五〇年ほどで終わってしまう。終焉《しゅうえん》の直接の原因はイギリス（当時はイギリス東インド会社）の侵攻だった。一八二四年の乾季、西への勢力拡張を狙っていたコンバウン朝の部隊が、イギリス東インド会社の領域となっていたチッタゴン地方のシャプリー島に上陸し、同王朝の旗を立てた。これがきっかけとなって戦闘が勃発（第一次英緬《えいめん》戦争）。一八二六年に英国の勝利で終結し、イギリスはラカインと、マレー半島のテナセリウム（現在の呼称はタニンダーリー管区）の二地域の割譲を受けた。ラカインは地理的に近い英領ベンガル州の統治下に編入され、イギリスの統治下に入る。

イギリスによる植民地統治

ラカインは、イギリスにとっても決して統治しやすい場所ではなかった。

まず、コンバウン朝による侵攻と、同王朝による統治下での経済的、社会的疲弊、さらに英緬戦争の影響もあって、ラカインの人口は激減していた。当時の植民地官僚の報告によると、ラカイン全体の人口は一〇万人程度と推測されている。これは一九世紀初頭の半分にも満たな

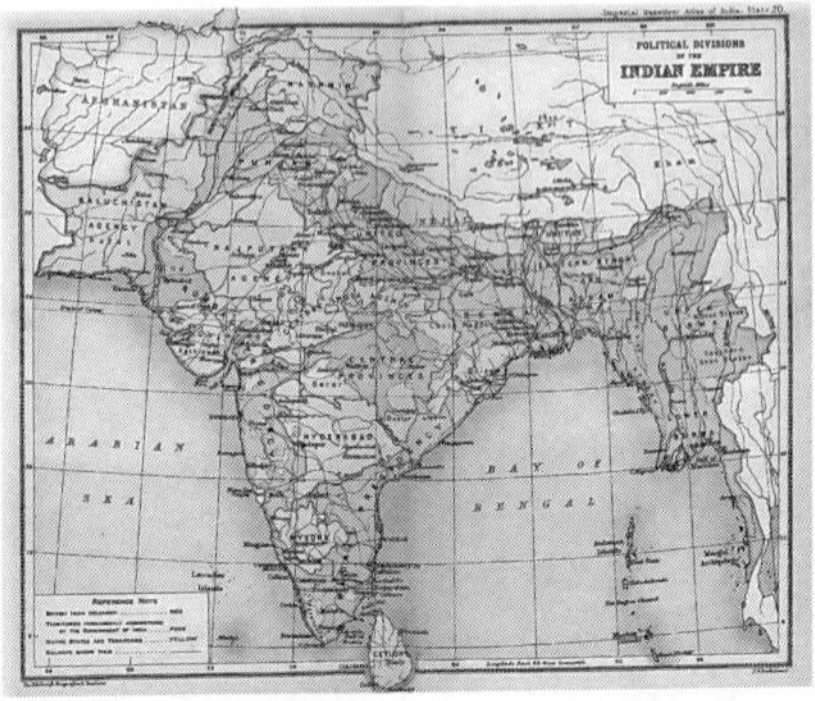

英領インド全体の地図（1909年）　最も東部にミャンマーが含まれている

い。本来肥沃なカラダン川流域、ラムリー川流域の土地も荒れ果てていた。かつての王都ムラウーのパゴダはことごとく朽ちていたという。

また、統治者が代わっても自然環境の厳しさは変わらない。イギリスが新しく拠点を置いたカラダン川河口部にあるシットウェ（当時の名称はアキャブ）は占領当時、小さな漁村に過ぎず、まずはこの村を港町にすることから植民地政府による開発ははじまった。

だが、現地の高温で雨が多い気候と感染症が赴任した役人たちを悩ませる。ある年には、シットウェ県に勤めていた七九人のイギリス人のうち、一八人が病気で死亡し、二二人が健康上の理由で任地を離れていた。半数以上が任期をまっとうできなかったことになる。ラカインは英領インドのなかでも過酷な任地のひとつだった。一説では、ラカインの語源は、パーリ語で「伏魔殿」を意味する「ラッカプラ」だといわれている。人の定着を阻む自然環境の厳しさが、悪魔の棲処《すみか》という地名につながったのかもしれない。

そうした厳しい自然環境のなかでも、東インド会社の投資の成果もあって、農地の開墾が進んだ。中心となる生産物は米である。耕作地は一八三〇年の七万八〇〇〇エーカー（一エーカーは約四〇四七平方メートル）から、一八四〇年には二〇万四〇〇〇エーカーと約二・五倍以上に、さらに一八五二年には三五万エーカーに拡大した。二〇年間で約四・五倍の増加である。

これによってラカインに人が定着しやすい環境がはじめて生まれた。農地の拡大は開墾者と農業労働者を必要とし、これが移民を呼び込む力になった。その結果、人口が急速に増大する。一八三〇年の一三万人から、一八四〇年には二二万人、一八五二年には三三万人と、年平均で約一万人の増加を記録した。かつて漁村だったシットウェは、カルカッタ、チッタゴンとつながる貿易港にまで発展した。

一八五二年には第二次英緬戦争が起きる。イギリスが難なく勝利をおさめ、当時ペグーと呼ばれていたエーヤワディ川の下流域（下ミャンマー）を領有するに至った。この地域とラカイン、テナセリウムが、英領インドの一部である英領ビルマ（British Burma）になった。さらに、一八八五年に第三次英緬戦争が勃発。これもあっけなくイギリスの勝利に終わり、当時の英領インド総督だったダファリン卿《きょう》が終戦後のミャンマーを訪れると、王朝の廃絶を即決した。理由は「イギリスの占領にとってトラブルと不安とコストになるものでしかない」からだった。

コンバウン朝の王族は廃絶。上ミャンマーは英領ビルマに統合され、全体が英領インドの一州（Burma Province）になった。コンバウン朝最後の王であるティーボー王は、インド西部のボンベイ（現在のムンバイ）から少し南にあるラトナギリに流刑となり、その後、二度とミャンマーの地に足を踏み入れることはなかった。

複合社会の形成

ミャンマーのインドへの統合は、植民地統治を効率的に進めるという観点では合理的な判断だったのかもしれない。だが、インドとミャンマーの社会構造の違いは、誰の目にも明らかだった。一九一九年の植民地政庁の報告書にも、「ミャンマーはたまたまインド総督の責任の一部となった。ビルマ人は人種、言語の点で、彼らとイギリス人とが異なるように、インド人とも異なっている」（強調は筆者）とある。両地域のこの強引な統合が、ミャンマーに大きな社会的変容をもたらした。

植民地政府は、デルタの入り口にあったダゴンという小さな村を、ラングーン（以下、ヤンゴンで表記を統一）と改名し、英領ビルマの州都を置いた。そして、エーヤワディ・デルタの治水と物資輸送のために、港湾整備、鉄道敷設、護岸工事、灌漑《かんがい》や運河の造成といった、王朝がなしえなかった巨大な公共投資を行った。市場経済が拡大していく。

その結果、もともと人口が希薄だったデルタ地帯に人が集まり、かつてあった共同体や社会関係を変えた。そうして生まれたのが、帰属意識や習慣、言語の異なる共同体が、モザイク状に共存する社会だった。それぞれの共同体同士の社会関係（婚姻関係など）は薄く、交流はせいぜい経済的活動（市場での売買など）に限られるような社会である。イギリス植民地官僚出身の政治経済学者であるジョン・S・ファーニバルは、こうした社会を「複合社会」と呼んだ。この複合社会がのちに、移民に対する排他的な思想を生む背景になっていく。

では、具体的にどういった人々がミャンマーの複合社会を構成したのか。

まず、多くのインド系、中国系商人がやってきて、金融や流通で存在感を示した。なお、インド系や中国系といっても、当時はそうした集団意識が共有されていたわけではない。あくまで現在のインドや中国の各地から集まってきた人々で、そこに含まれるのは民族的にも、宗教的にも、言語的にも実に多様な人たちであった。

商人のなかでも、インド南部のタミールナドゥで伝統的に金融業を営んできたチェティアと呼ばれるカーストはよく知られている。エーヤワディ・デルタのフロンティアが開拓された時代、チェティアから開拓資金を得る農民が少なくなかった。二〇世紀に入ってフロンティアと米の生産量が次第に頭打ちになると、借り入れと返済のサイクルがまわらなくなる。そこに世界恐慌による国際農産物価格の下落がとどめを刺した。一九三〇年代以降、多くの自作農が借金のカタに農地を失い、不在地主問題が深刻化した。

エーヤワディ・デルタでは、資本だけでなく、労働力も不足していた。そのため、中国やインドから労働者がミャンマーに流れ込んだ。ヤンゴン史を専門とする長田《おさだ》紀之《のりゆき》によると、一九世紀の最後の四半世紀、ヤンゴンの人口増加のじつに七八%が移民によるものだったという。一九二〇年代には、ヤンゴンの人口約二〇万人の半数がインドからの移民であった。彼らの多くはヒンドゥー教徒で、ムスリムは割合としては少数派だった。中国系の移民もいたが、インド系の六分の一にとどまった。イギリスによる植民地化はインド化でもあったのである。

ラカインの複合社会

さて、複合社会の形成過程や中身はどこでも同じというわけではない。地域によって違いがある。本書にとって大事なのはラカイン社会の変容である。

植民地統治下のラカイン社会の変容は以下の二点に特徴づけられる。

第一に、ラカインの北部ではベンガル地方から多くの人々が流入した。ヤンゴンへの移民が船を主な移動手段としたのに対し、ラカインへの移民は陸路での移動が大半を占めた。そして、移民のほとんどはムスリムであった。当時のヤンゴン住民の約半数を占めたインド系の住民のうち、ベンガル地方出身のムスリムは一四％程度である。ヒンドゥー教徒の方が多い。インド系と呼ばれる人々の多様性がヤンゴンとラカインではまったく違っていた。

第二に、農村への移民の流入と定着した人々の多さである。ラカインにはヤンゴンのような大きな都市がない。一九二一年のヤンゴンの人口が三五万人弱だったのに対して、ラカインの主要都市シットウェの人口は二万五〇〇〇人ほどで、一〇分の一にも満たない。都市部での労働需要は限定的で、移民の多くは農村に流入した。農地の開拓や季節的な労働力の需要（田植えや稲刈り）が彼らを呼び込んだ。

定着の実態を知るには、インド系移民がインド生まれか、ミャンマー生まれかを示した当時の人口調査の統計が参考になる。図表1－1は、ラカインと、ラカインを除く下ミャンマーのインド系住民に占めるミャンマー生まれの割合を示したものだ。ミャンマー生まれが多いと、それは移民の定着を意味する。どちらも徐々に上昇しているが、下ミャンマーでは微増に留まっている。ミャンマー生まれは一九三一年でもインド系住民の二七・六％だった。対して、ラカインでは同じ年でミャンマー生まれが七六・八％と、移民の定着がより進んでいたことがわかる。その多くはムスリムであった。

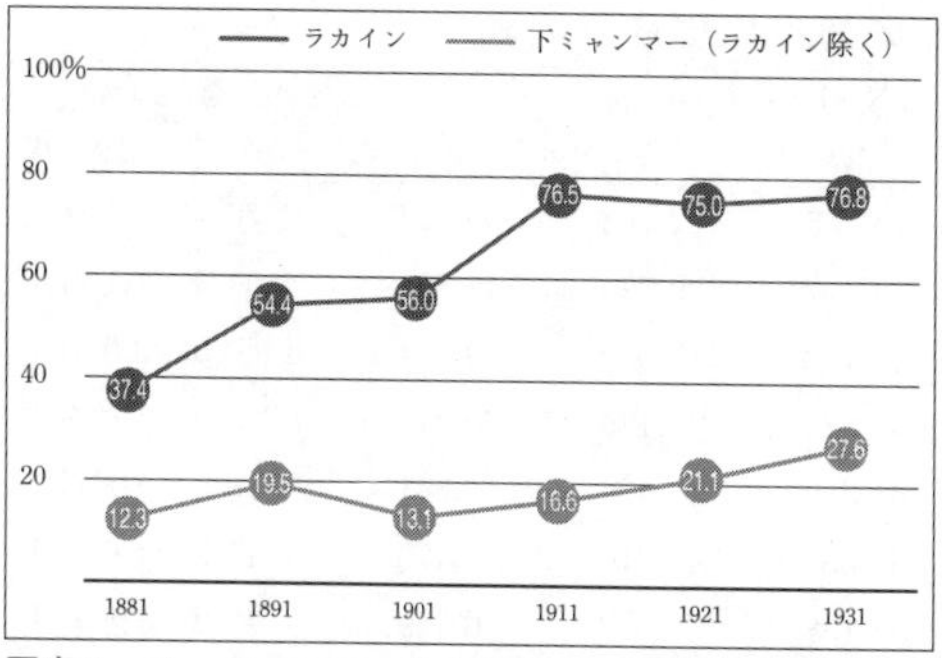

図表1－1　ミャンマー生まれのインド系住民の割合

（出所）Report on Indian Immigration (1939)，16頁より算出

では、どれくらいのムスリムが、ラカインのどこに定着したのか。

ムスリムの定住が進んでも、仏教徒ラカイン人とはコミュニティが分かれる傾向があった。図表1－2は、シットウェ県の九つの郡の人口構成を示している（一九一一年人口調査）。概して、ラカイン北部のなかでも、北に行くほどムスリムが増える傾向がある。ベンガル州と接するマウンドー郡では、七六・七％の住民がムスリムである。次いでムスリムが多いのは、同じく州境を接するブーティダウ

図表1－2　シットウェ県の人口構成（1911年）

	全人口（人）	仏教徒人口（人）	ムスリム人口（人）	ムスリム率（%）	ムスリムの男女比
マウンドー郡	118,205	22,763	90,714	76.7	1対1
ブーティダウン郡	78,497	29,594	42,894	54.6	1.1対1
シットウェ郡	48,188	19,022	19,531	40.5	3.6対1
チャウトー郡	58,274	29,125	20,915	35.9	1.4対1
ラーテーダウン郡	61,593	47,406	12,841	20.8	1.2対1
ムラウー郡	61,089	45,810	9,475	15.5	1.9対1
ミンビャ郡	48,188	35,627	6,219	12.9	1.8対1
パウトー郡	45,615	39,999	4,567	10.0	1.7対1
ポンナチュン郡	53,581	45,793	1,691	3.2	2対1

（出所）Census of India, 1911, Volume IX, Burma Part II. Tables より算出

ン郡で、住民の過半数（五四・六％）がムスリムであった。それにシットウェ郡（四〇・五％）が続く。これらの郡は、この人口調査から約一〇〇年後に紛争と人道危機の主な舞台になる。

　コミュニティの分離をマウンドー郡とブーティダウン郡でみてみよう。図表1－3と1－4はマウンドー郡に含まれる一四〇村落区、ブーティダウン郡の九四村落区のムスリムが占める割合をそれぞれ示している。なお、村落区とは複数の村を行政的な効率化のために統合した行政単位である。図表をみると、どちらもお椀型《わんがた》の分布になっている。これは、ムスリムの村か、仏教徒の村かに分かれていたことを示唆する。村落区内のそれぞれの村になると、仏教徒の村と、ムスリムの村との分離傾向はよりはっきりする。

　まとめれば、植民地化によってラカイン、なかでも北部は、仏教徒のラカイン人と、ムスリムが構成

する複合社会になった。地理的な分布は、北部と中部以南ではずいぶんと違った。北部はムスリムが多数を占め、中部以南ではラカイン人が中心だった。概して、ラカイン人とムスリムが分かれて村落コミュニティを形成していた。

補足だが、植民地政府の記録には、ラカインで仏教徒とムスリムとの間には暴力的な衝突があったという報告はない。後述する一九三八年のヤンゴンでの仏教徒とムスリムの衝突の余波もラカインには到達していない。その後の紛争の歴史を考えると不思議なことだ。かといって、

図表1－3　村落区におけるムスリムの割合（マウンドー郡）

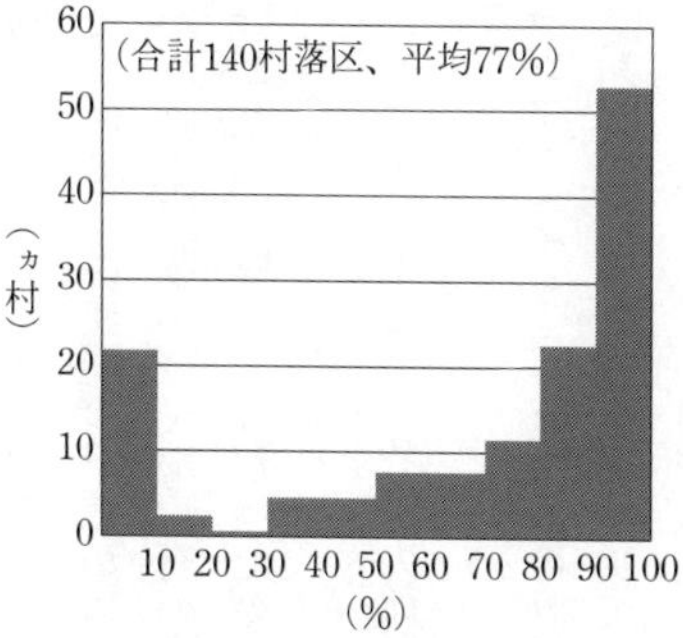

図表1－4　村落区におけるムスリムの割合（ブーティダウン郡）

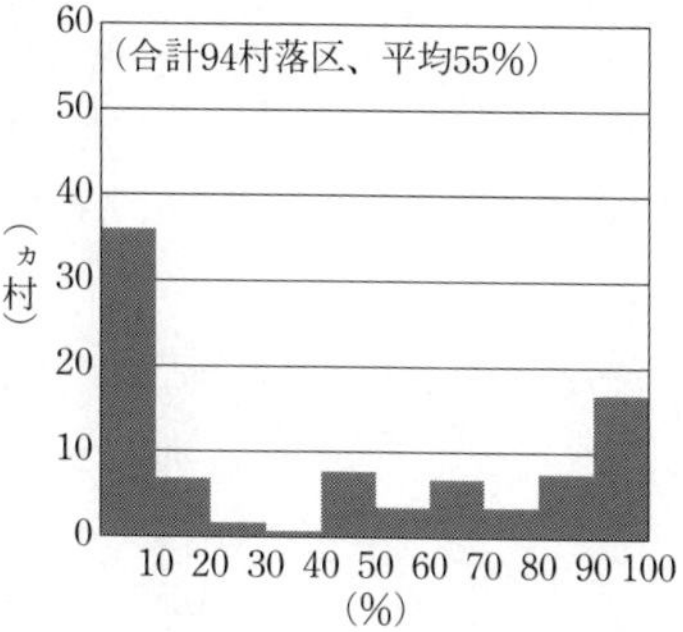

（出所）図表1－3、1－4ともに*Burma Gazetteer – Akyab District*, Vol.B (1917)より算出

平和的に共存していたわけでもなさそうである。たとえば、農民間の協力が必要な灌漑設備の管理について、民族間の不信が強いために管理費が余計にかかる、といった両者の間の緊張をうかがわせる記載が植民地政府の報告書のなかにある。宗教別に村が分かれていたのは、衝突を避けるための棲《す》み分けだったのかもしれない。

2　ナショナリズムの排他性

ミャンマー・ナショナリズムの勃興

国民という意識やナショナリズム運動は近代になって生まれた。近代国家の形成と資本主義経済の拡大にともなって膨らんだ中間層がその原動力になった。では、ミャンマーで、ナショナリズム運動や民族意識はどのように生まれ、発展したのか。そして、その発展のなかでインドやベンガルからの移民たち（以下では、インド系移民と表記）はどのように疎外されてきたのか。

ミャンマー・ナショナリズムの萌芽《ほうが》は、一九〇六年に結成された青年仏教協会（Young Men's Buddhist Association：ＹＭＢＡ）である。当初は、仏教とその文化の復興を目的としていたが、次第に反植民地運動色を強めていった。その後、ＹＭＢＡから分派した活動家が、一九二〇年にビルマ人団体総評議会（General Council of Burmese Associations）を結成し、これがミャンマー初の純粋な政治団体になる。

独立後の指導者を輩出した組織は、一九三〇年代に生まれた。タキン党と呼ばれる「我らビルマ人協会」（We Burman's Association）である（以下、タキン党で統一する）。タキン党は、一九三〇年にヤンゴン大学英語科の翻訳助手だったバタウンらが結成した。「タキン」とはビルマ語で「主人」を意味する。党員は自らの名前の頭に「タキン」をつけ、ミャンマーの主人はイギリスでなく、自分たちであると誇示した。

だが、結成当初の状況は心許《こころもと》なかった。一九三三年七月のタキン党第一回党大会の参加者は、わずか六名だったという。組織としてやっとかたちをなしたのは、一九三〇年代後半のことである。その後タキン党はマルクス主義に傾斜していく。日本では、ナショナリズムとマルクス主義は、右翼と左翼として対立する考え方とみなされがちだ。しかし、植民地統治下にあった地域では、反植民地運動を支えたナショナリズムが、同時にマルクス主義の影響を受けた革命運動であったケースは少なくない。ミャンマーもその一例である。

もちろん、ウラジーミル・レーニンの『帝国主義論』（一九一七）のように、帝国主義や植民地支配を資本主義の発展段階のひとつとして位置づける考え方も影響している。だが、それよりも、共産主義が持つ抵抗の言説や組織化の技術が、ナショナリストにとっても武器になったという側面が大きいだろう。

たとえば、ミャンマー・ナショナリズムを専門とする根本敬《ねもとけい》の研究から、タキン党の基本理念である党憲章「ドバマー思想」（ドバマーは「我らビルマ人」の意）の一部をとりあげよう。その第八条に以下の主張がある。

コウミーン・コウチーン（「我が王、我が種族」の意）をつくりあげるためには独立獲得が先決である。コウミーン・コウチーンをつくるにあたっては、（中略）資本家どもによる少数支配をうちたてるのではなく、多数派である貧しき者たちが支配する、すなわちスィンイェーダーミン・スィンイェーダーチン（「貧しき者たちの王、貧しき者たちの種族」の意）だけから成る我等ビルマ人による、コウミーン・コウチーン創設でなければならない。

「コウミーン・コウチーン」（我が王、我が種族）という言葉は、植民地支配からの独立を訴える民族主義的なメッセージである。それが、続く文では、資本家に支配される「貧しき者」の独立、すなわち、階級闘争を訴えるメッセージに転用されている。そして、韻を踏むかたちで「スィンイェーダーミン・スィンイェーダーチン」（貧しき者たちの王、貧しき者たちの種族）という言葉につなげられる。我々＝ビルマ人＝貧しき者、三者が等しく並ぶのである。皆でともに植民地支配を終わらせようと団結を訴えるものだ。

タキン党の左傾化は思想面にとどまらなかった。一九一〇年代生まれの若い学生活動家が党に加入すると、闘争戦略も急進化していく。学生活動家には、のちに独立闘争の英雄となるアウンサン（アウンサンスーチーの父）や初代首相になるウー・ヌが含まれていた。彼らは植民地統治や資本主義というシステムそのものに抵抗し、武装闘争もいとわなかった。ちなみにミャンマーでは、一九三九年に共産党が結成されているが、その設立メンバーはタキン党員ばかりで、議長に選ばれたのはアウンサンであった。

アミョー・バーダー・ターダナー（民族・言語・仏教）

先に述べたように、タキン党員は、自分たちと、貧しいミャンマー人たちとを同胞として位置づけた。しかし、よく考えてみればこれは不思議なことである。一九三一年に英領ビルマで大学に通っていた人の数は一三四三人（男子一一五九人、女子一八四人）に過ぎず、当時のミャンマーの一五歳から二〇歳の人口（約一四〇万人）の〇・一％にも満たない。大学入学経験のある青年が多いタキン党員は、明らかに一握りのエリート集団だった。その境遇は貧民とまったく違う。農村には学校に通えない人々が大勢いた。こうした階級差を越えて同胞意識を生み出そうとするのが、ナショナリズム運動のひとつの特質だといえよう。

反面、同胞に含まれない人たちを生み出すのもナショナリズム運動だった。他者の存在がナショナリズムをより強固にする。自分たちの境界線を定める作業は、同時に境界線の外、すなわち、自分たちとは異なる人たちを定めることなのだ。

では、ミャンマーのナショナリズムにとって、他者とは、そして敵とは誰か。

第一に、それは植民地宗主国であるイギリスである。ナショナリストの目的が植民地支配からの解放なのだから、これは当然のことだ。タキン党の正式名称「我らビルマ人協会」の、「我らビルマ人」と対になるのは、「彼らイギリス人」だった。

しかし他者はイギリス人だけではなかった。インド系の人々、中国系の人々も同胞の外に位置づけられた。だが、彼らは支配者ではない。多くは植民地期になって英領インドの他地域からやってきた移民である。イギリスの植民地統治下にあるという意味では、彼らもまた支配を受ける側であった。だとすれば、インドや中国からの移民たちは「我らビルマ人」と何が違い、どうして他者になるのか。

この点を考えるうえで重要な概念が「アミョー・バーダー・ターダナー」である。アミョーは英語で race と訳される。race は日本語では人種だが、この場合、民族の方が語感としては近いだろう。バーダーは言語及び文化全般を意味する。ターダナーは仏教のことである。つまり「アミョー・バーダー・ターダナー」は「民族・言語・仏教」と訳すことができる。

この言葉は、二十世紀初頭にナショナリストや僧侶たちの間で、スローガンとして使われるようになった。「民族・言語・仏教」を護《まも》らなければならないと唱えるのがひとつの定型的な主張である。ナショナリズム運動を担う団体に歴史的な変遷はあっても、言葉は引き継がれ、一〇〇年以上たった現在でもミャンマー・ナショナリズムの核をなす概念だ。

ただし、この概念の明確な定義はなく、そこに包摂される内容には曖昧な部分が常にある。

「民族」とは誰か、「言語」とは何語か、そうした点を細かくみると、具体的な意味内容がぼやけるのだ。「民族」とはビルマ人のことで、「言語」とはビルマ語であることは間違いなさそうだが、仏教徒の多い少数民族であるモン人とモン語、同じく仏教徒が多いラカイン人とラカイン語も、この「民族」や「言語」の範疇《はんちゅう》に含まれるだろう。では、仏教徒であればよいのかというと、中国系の仏教徒はこの概念の外に位置づけられる。

こうした曖昧さの中身は時代によって変わるが、常にはっきりしているのは同胞にはけっして含まれない人々の存在だ。インドからの移民、なかでもムスリムは常に「民族・言語・仏教」の他者だった。そして、しばしば脅威とみなされた。彼らの影響から庇護《ひご》する対象として、「民族・言語・仏教」は掲げられた。排他性の点で際立つ概念なのである。以下で具体的にみてみよう。

反インド人暴動と仏教徒の危機感

植民地期のヤンゴンでは、大規模な反インド人暴動が二度起きている。一度目は一九三〇年。ビルマ人港湾労働者が起こしたストライキに対し、経営者がストライキ参加者の代わりにインド人労働者を雇用したため、ビルマ人労働者たちが怒り、インド人労働者を襲う事件が発生した。無関係のインド人も襲撃の対象となり、最終的に二〇〇人以上が犠牲になった。

続いて、一九三八年に二度目の暴動が起きた。直接の原因は、二年前に出版された『イスラーム指導者―仏教修行者間の論争』（*Moulvi-Yogi Awada Sadan*）という本である。イスラーム指導者（モウロビあるいはモウラウィと呼ばれる）と、仏教修行者（ヨーギー）との法廷での問答のかたちをとったフィクションだ。仏教徒とムスリムが書いた三作品をあわせて一冊にしたもので、ムスリムであるウー・シュエピーが執筆した第三部には、ブッダの教えは信ずるべきでないとか、ビルマ人は野蛮人であるといった攻撃的な言葉が含まれていた。

出版当初はさして話題にならなかったが、二年後の一九三八年、突如話題になる。同書の増刷に伴って、当時の大衆紙『サン』（*The Sun*）に過激なコピー（「誰かが言った。ビルマ人は野蛮だと。我々の民族・言語・仏教を攻撃する邪悪な男が今ここに」）の広告が掲載されたことがきっかけだった。続いて著名な僧侶であったレーディ・ウ・ウィットゥーダ・サーラ僧正が本書に対する批判的な書評を、同じく『サン』に掲載する。書評のタイトルは「侮辱された仏教」。こうして仏教徒の間に同書への批判が広がっていった。

一九三八年七月二六日、ヤンゴンのダウンタウンから少し北の丘にある巨大な仏塔、シュエダゴン・パゴダで同書を非難する大規模な集会が開かれた。集会には一万五〇〇〇人もの人（うち一割が僧侶）が集まったという。集会を終えた午後四時頃、参加者の一部が若い僧侶に率いられ、ダウンタウンの中心にあるムスリムの商店が多い市場に向けて行進をはじめる。

植民地政庁の調査報告書によると、行進を指導した僧侶たちは「「民族・言語・仏教」への侮辱を甘受しないビルマ人の本当の血を見せよ」と人々に参加を呼びかけたという。また、道中、群衆は叫んだ。

カラー（インド系の人々の蔑称）、カラー、殴れ、殴れ。ハシム・カシム・パテー（ムスリム所有の有名な生地屋の名前。論争の種となった本の出版経費を負担したと誤解されていた）にこうしてやろうか、ああしてやろうか。火をつけろ、火をつけろ、燃やせ、燃やせ。ボイコット、ボイコット。カラーが娶《めと》ったミャンマー女どもよ、ミャンマーには夫となる男が少ないからか！

彼らは市場に着くやいなや、商店や近くの住宅を破壊したり、商品を強奪したりした。暴動は断続的に続き、ヤンゴンだけでなく、デルタ地帯、バゴー地域、上ビルマのザガイン、マンダレーにも波及した。暴動による死者は合計で一八一人。その内訳は、ムスリムが一三九人、ヒンドゥー教徒が二五人、仏教徒が一七人で、ムスリムがターゲットだったことは明白だろう。なぜ、ナショナリストや僧侶たちは、ムスリムを含むインド系移民から「民族・言語・仏教」を防衛しなければならない、という危機感を持ったのだろうか。

すでに指摘したように、ヤンゴン自体がインド移民によって拡大した都市だった。日常生活のなかで、移民の存在は目立った。宗教が違えば祈りの場や祝う祭りも違う。建物や食べ物、生活習慣も異なる。ただ、これだけなら「違い」に過ぎない。そこに何らかの不公正さや不正義といった不満がなければ危機感は生まれないはずだ。それは何か。

結論を先取りすれば、富と女であった。

まず、インド系移民に対する不満は、仏教徒の経済的な不満から生まれた。ミャンマー経済ではインド系移民や中国系移民の実業家が強い影響力を持った。政府の役人や軍人にもインド出身者が少なくなかった。たとえば、前述した金貸しカーストのチェティアだ。農地がチェティアからの借金のカタとなり、一九三七年には全耕地面積の約三分の一が不耕作地主、つまり耕している本人ではない者の所有物になっていた。ここから、土地がインド人に奪われているというイメージが生まれる。チェティアは外からやって来て、ミャンマーの富を奪う代表的な存在と認識された。チェティアはヒンドゥー教徒だが、ムスリムを含むインド系移民全体のイメージに反映された。

次に、女性をめぐる不満である。ヤンゴンの宗教分布は、仏教徒とヒンドゥー教徒の数がともに全体の三割程度で拮抗《きっこう》していた。ムスリムは少数派だったにもかかわらず、仏教徒が彼らを特に脅威と感じたのは、仏教徒とムスリムとの間の婚姻関係が増加していたためであった。背景には、ヤンゴンの男女別人口比が、極端に男性に偏っていたことがある。ヤンゴンの女性人口は常に男性人口の半分ほどだった。男性が多いのはインド系の移民である。彼らは短期の移民労働者が中心だが、なかには定住する者もいて、彼らの結婚相手には仏教徒女性が含まれていた。

ムスリム男性と仏教徒女性の間に生まれた、いわゆる混血の人々は「ザーバディ」と呼ばれる。ザーバディは、一九三一年の人口調査によると、全国に一二万人いたという。歴史学者モシェ・イェーガーは、ザーバディは新しい社会階級であり、ビルマ人にとっては目障《めざわ》りだったと分析している。というのも、仏教徒の女性とイスラーム教徒の男性とが結婚して生まれた者がほとんどだったからである。ザーバディの多くは、自分たちをビルマ人だと考え、ビルマ人と同じ格好をするが、イスラームに帰依し、ムスリムたちとも社会関係を結ぶ。いわば、中間の人々だった。

ビルマ人ナショナリストや僧侶たちは、この新しい社会階級の拡大にいらだちを募らせていたのである。先に引用した暴動の掛け声に「カラーが娶ったミャンマー女どもよ、ビルマには夫となる男が少ないからか！」という一節がある。この一節は、女性たちが奪われるという仏教徒の危機感の表れであった。

富と女がインド系移民に奪われる。この危機感がミャンマー・ナショナリズムを一面で支えていた。宗主国を敵とするのが植民地支配下のナショナリズム運動だが、同時に別の敵を生み出していたことを忘れてはならない。この、インド系移民を敵視する一九三〇年代の言説は、現代の反ムスリム、反ロヒンギャの言説と驚くほどよく似ている。ミャンマー・ナショナリズムの系譜のなかでロヒンギャ危機の思想的背景を理解する必要があるのだ。

3　日本軍政下での紛争勃発

日本軍がもたらした混乱

不思議なことに、ヤンゴンでの反インド人暴動がラカインにまで拡大することはなかった。ラカインの仏教徒とムスリムとの間ではじめて暴力的で大規模な衝突が起きたのは、一九四二年のことだった。日本軍による侵攻下での出来事である。

まずは、日本軍によるミャンマー侵攻の文脈をおさえておく。

太平洋戦争開戦直後の一九四二年一月、日本陸軍の第一五軍団がマレー半島北部を横断して、ミャンマーに侵攻した。三月にはヤンゴンを制圧し、さらに北部へと進軍した。侵攻の第一の目的は、中国に対する補給経路（援蔣《えんしょう》ルート）を遮断することだった。

当時、イギリスはナチ・ドイツと交戦中で本国の防衛にかかりきりであった。帝国の隅にあるミャンマーへの突然の軍事侵攻に対抗する余裕はなかった。侵攻からわずか半年足らずで、北部の一部を除いた全土が日本陸軍の統治下に入る。英領ビルマの政庁はインド北西部の避暑地であるシムラに移った。ヤンゴンを中心に暮らしていたインド系住民約五〇万人も、このときミャンマーを離れたといわれている。

この時代、東南アジアの多くの国が日本軍政の実質的な統治下に入ったが、ミャンマーほど日本軍が現地政治の構造的な変化をもたらした地域はないだろう。なかでも、アウンサンを中心とするタキン党勢力の伸長は目覚ましかった。日本軍政下のわずか三年の間にミャンマーの独立を左右する勢力にまで変貌をとげた。

タキン党に目をつけたのは、日本軍の特務機関である南機関《みなみきかん》（鈴木敬司《すずきけいじ》陸軍大佐が機関長）である。占領直後の中国・廈門《アモイ》にいたアウンサンらを一九四〇年に日本に呼ぶと、さらにその仲間たちにもミャンマーを脱出させ、海南島《かいなんとう》の海軍基地で軍事訓練を施した。ミャンマーの独立を支援するとともに、彼らを日本軍の協力者とするためであった。そして、日本軍の後援のもと、タキン党員が中心となってタイのバンコクでビルマ独立軍（Burma Independence Army：ＢＩＡ）が一九四一年に結成されている。ＢＩＡには二二七人のミャンマー人が所属した。

日本軍の侵攻に帯同するかたちでミャンマーに戻ったＢＩＡのミャンマー人たちは、多くの場所で歓迎された。それは、タキン党が抱いていた大衆動員戦略を実現するには理想的な環境でもあった。進軍したＢＩＡは急速に政治運動化していき、各地でメンバーと支持者を増やした。一部では自治組織になることもあった。

この、戦時に生じた国家権力の空白期間に惨劇が起きる。仏教徒中心に構成されたＢＩＡの拡大が非仏教徒への攻撃につながったのだ。暴力の矛先は、植民地時代の「敵」に向かった。衝突の舞台のひとつがラカインだった。

インパールの南で起きた衝突

日本軍のラカインへの侵攻は、シットウェ飛行場の占領を第一の目的とした。第三三師団下の歩兵一中隊と機関銃半中隊がラカインに派遣される。一九四二年四月一四日に同派遣隊はヤンゴンを出発。途中、自動車事故に見舞われ、また悪路と灼熱《しゃくねつ》の太陽（四月は連日四〇度を超える）、中部から北部では険しい地形を乗り越える困難な行軍だった。五月四日に同派遣隊はシットウェ飛行場を占領している。その頃すでに英領インド軍（英印軍）は撤退していた。

防衛庁防衛研修所戦史室がまとめた『ビルマ攻略作戦』によると、陸軍の派遣隊到着からさかのぼること約一ヵ月前の四月三日、ＢＩＡの部隊約四〇〇名がすでにシットウェに到着していた。そこから日本軍派遣隊がたどりつくまでの一ヵ月間が国家権力の空白期間にあたる。ミンビャ郡、ミェーボン郡、パウトー郡といった仏教徒とムスリムの数が拮抗する中部で、仏教徒によるムスリム村への攻撃が起き、多数の死傷者が出たという。

次いで、英印軍による一九四三年のラカイン奪還作戦の最中《さなか》、ムスリムが仏教徒を襲撃した。北部地域のマウンドー郡、ブーティダウン郡が主な舞台だった。この英印軍の作戦が失敗に終わると、今度は仏教徒による逆襲が起きる。悪循環だ。紛争から逃れる人々が大量に発生した。ムスリムは北に向かい、仏教徒は南に向かった。そのため、ラカインが南北に分断される状況が一時的に生まれたという。

これらの衝突の詳細についてはいまだわかっていない部分が多い。日本でもほとんど知られていない。陸軍史上最悪の作戦のひとつとされるインパール作戦の地から、南に五〇〇キロの場所で起きた事件であるが、戦況に直接かかわらない現地人同士の紛争に、日本軍も英印軍も関心を払う余裕はなかったのだろう。

ラカインの奪還とムスリムの動員

ラカイン奪還を狙っていたイギリスは、一九四二年一二月に最初の奪還作戦を遂行している（結果は失敗）。英印軍の協力依頼を受けて、ラカイン北部に残ったムスリムが、偵察、情報収集、さらに破壊に携わった。ラカインと、現在のチン州にある北部チンドウィンやナガ丘陵で活動した「Ｖフォース」と呼ばれる組織が代表的である。

協力への見返りとして、当時の英領インド政府が現地のムスリムに対してどういった約束をしたのかはわかっていない。合理的に考えれば、見返りを期待させずに、身の危険を伴うような諜報《ちょうほう》・支援活動への協力を求める可能性は低いだろう。ムスリムのなかには、このときにラカイン州北部の自治を約束されたという者もいる。真偽はいまのところ定かではないが、衝突に続いて、仏教徒とムスリムがそれぞれ日本軍と英印軍に動員されたことは、さらに両者の亀裂を深める要因になったといってよい。

英印軍は、一九四三年末から、再びラカイン奪還のための軍事作戦を敢行している。翌年一月にはマウンドー郡を、同年末にはブーティダウン郡、そして四五年一月までにラカインのほぼ全体を英印軍は取り戻した。一九四四年三月から七月までのインパール作戦で疲弊した日本軍にラカインを防衛する力は残っていなかった。

英印軍のラカイン奪還とともに、ベンガルなどに避難していた人々も多くがラカインに戻った。このとき、避難民だけでなく、新たな人々が移り住んだといわれている。その規模はわかっていないが、この新たな移民によって、南に避難していたラカイン人の土地が占有されたケースがあり、終戦後の争いの種になった。

4 独立とロヒンギャの「誕生」

ミャンマー独立

アウンサンは、当時三〇歳に満たない若者であったものの、日本軍政下で一躍、民族解放の英雄になった。アウンサンは、当初は自らを重用した日本軍に協力的だったが、名ばかりの独立(一九四三年に付与)や、日本軍による度重なる政治介入に対して次第に不満を募らせていく。そして、一九四四年に対日闘争のための統一戦線である反ファシスト人民自由連盟(Anti-Fascist People's Freedom League:AFPFL)を結成し、日本軍が敗色濃厚となった一九四五年三月二七日、対日抗争を起こした。

戦局全体にとってAFPFLの蜂起はさして重要ではなかったが、その後の日本の敗戦によってアウンサンは、植民地政府を放逐し、さらに日本軍も打倒するという二つの功績をわずか五年の間に手にしたのである。

復帰したイギリスは、アウンサンらを日本軍の協力者として排除することも検討したが、英雄となったアウンサンと、人々から広範な支持を受けるＡＦＰＦＬ、両者の存在を認めざるをえなかった。アウンサンも千載一遇のチャンスを逃さず、一気呵成《いっきかせい》にイギリスとの独立交渉に臨んだ。ミャンマー側が交渉を終始有利に進め、新しい憲法の起草も順調に進んでいたなか、一九四七年七月一九日にアウンサンが閣僚六人とともに凶弾に倒れた。暗殺の首謀者は、戦前に首相を務めた経験のある守旧派の政治家ウー・ソオだった。ウー・ソオは自らの失脚とアウンサンらタキン党勢力の躍進を認めることができず、犯行に及んだのだった。

学生運動時代からの盟友ウー・ヌがアウンサンの地位を継ぎ、一九四八年一月四日、ミャンマーは独立した。独立というと聞こえはよいが、イギリスに復帰してわずか二年半後のことだ。急ごしらえの独立で、混乱のなかでの船出だった。国土は戦争で荒廃。特に経済の落ち込みは激しかった。たとえば、一九四九年の米の作付面積は戦前の四分の三、生産量は三分の二、輸出量にいたっては三分の一になっていた。

国家の最低限の役割であるはずの治安維持もままならなかった。独立から半年もたたずにビルマ共産党が武装蜂起し、国軍の一部も追従した。一九四九年には少数民族であるカレン人の武装勢力（カレン民族同盟）が蜂起している。公務員による大規模なストライキも勃発していた。

ラカインからみたミャンマー独立

ロヒンギャ危機の舞台となるラカイン地方にとって独立とは何だったか。ラカイン人とラカイン北部のムスリム、それぞれの動きをみてみよう。

まずは、ラカイン人からである。

ミャンマー独立運動とラカイン人との関係は、協力と抵抗に二分された。戦前に結成されたナショナリスト組織であるラカイン国民会議（Arakan National Congress）の議長であったアウンザンウェイは、AFPFLで幹部となり、アウンサンと少数民族指導者たちが独立を合意した一九四七年二月のパンロン会議にも出席している。

その一方で、僧侶にして政治指導者であったウー・セインダは、ラカイン人民解放党（Arakan People's Liberation Party）を設立し、復帰した植民地政庁に武装闘争を仕掛けた。同党は、独立前の一九四七年四月に、ラカイン中部のミェーボンで全ラカイン会議（All Arakan Conference）を開催している。当時の記録によると、この会議には六万人が参加したという。会議では、イギリスに対する批判だけでなく、アウンサンもロンドンに国を売った人物として批判されていた。

ムスリムはどうか。ミャンマー全体でいえば、太平洋戦争が終結して間もない一九四五年一二月に、ミャンマー内のムスリム団体を統括する目的で、ビルマ・ムスリム会議（The Burma

Muslim Congress）が結成された。ＡＦＰＦＬの主要メンバーでもあったアブドゥル・ラザクが会長に就任している。なお、ラザクはタミール系のムスリムで、ラカインやベンガル出身のムスリムではない。その創設会議では、ＡＦＰＦＬに参加するという決定がなされており、アウンサンらを中心とする与党勢力に歩調を合わせた。

ラカインのムスリムに目を向けると、指導者たちの行動も穏健派と急進派に分かれていた。より目立ったのは急進派の動きである。なかには、ミャンマー内での自治領化、また、ラカイン北部の独立、さらには、北部ラカインのみを東パキスタン（当時）と統合するという要望も存在した。実際に一部のムスリムが、一九四六年五月にカラチでパキスタンの指導者であるムハマンド・アリー・ジンナーにラカイン北部のパキスタンへの統合を提案している。ジンナーは、ラカイン北部の問題はミャンマー内で処理すべき、として提案を受け入れなかった。

急進派の一部が武力闘争に踏み切るのに時間はかからなかった。独立から三ヵ月後の一九四八年四月、ラカイン北部でムジャヒッド党（Mujahid Party）による反乱が広がった。ムジャヒッドとは、ジハード（聖戦）に参加するムスリムを意味する。ムジャヒッド党は地元のモウロビ（イスラーム指導者）であるジャファール・カワルをリーダーとし、宗教的なネットワークをいかして武装闘争に人々を動員した。敗戦した日本軍が残した武器などで武装した兵員は、二〇〇〇から五〇〇〇いたという。ラカイン州北部の分離独立を目指した武装闘争であった。国軍は苦戦し、同年末までに北部の多くが同党の支配下に入り、政府はかろうじてシットウェの市街を実効支配できる程度だった。

しかし、一九五一年に戦況が変わる。国軍がエーヤワディ・デルタから海を通じた兵員輸送や補給を行えるようになると、国軍に有利な戦況が生まれた。一九五四年にナフ川までの地域を国軍は制圧し、同党の拠点は、国境地帯の東パキスタン側に移った。その後、ムジャヒッド党の武装闘争は一九六一年まで続く。

武装闘争の一方で、穏健派の一部は政党政治に参加していた。一九四七年の制憲議会選挙、一九五一年、一九五六年の連邦議会選挙、合計三回の選挙で、マウンドー郡とブーティダウン郡は、ムスリム議員を輩出している。彼らは北部ラカイン・ウラマ協会（Jamiatul-Ulama North Arakan）という穏健派のムスリム団体から支援を受けた候補者だった。彼らは議会を通じて、ラカイン北部のムスリムの権利獲得と自治権拡大を求めて活動していた。しかし、ラカインでのムスリムの武装蜂起や、ムジャヒッド党が東パキスタンからムスリムを不法に入国させているという疑惑が穏健派である彼らの足を引っ張り、支持を集めることはできなかった。

ロヒンギャの「誕生」

このころ、ロヒンギャという言葉がビルマ語として生まれている。

ロヒンギャという言葉の起源については諸説ある。ここでは、歴史家であるチョーミンティンの研究成果を参照しよう。彼によると、もともとベンガル語やそのチッタゴン方言でラカイン地域のことをロハン（Rohang）、あるいはロアン（Roang）と呼んだ。そして、そこに住む人々がロアンヤ（Roangya）やローインガ（Rooinga）と呼ばれていたという。

これらは、現代のロヒンギャという言葉とは意味が異なる。ムスリムだけを意味せず、ヒンドゥー教徒も仏教徒も含まれており、ロハンという地域に住む人々の総称だった。その後、ロアンヤがベンガル語のチッタゴン方言を話すムスリムたちの自称になっていった。植民地政府の統治下では、それ以前から定着していたムスリムを指して、ロアンヤ、ラカイン・ムスリム、アラカニーズ・ムスリムといった呼称が並存した。

ロヒンギャというアイデンティティは、ラカイン北部にかつてから住んでいたムスリムと、植民地政府による開発で新たに定住したムスリムとをひとくくりの名称でまとめた点で新しかった。この分類には、植民地政府の日常的な行政や統計が重要な役割を果たした。

植民地政府は、その統治前からラカインに住んでいたムスリムと、新たな移民とを区別せずに、ムスリムを意味する「マホメッダン」（Mahomedans）や、チッタゴン出身者を意味する「チッタゴニアン」（Chittagonian）としてひとつの分類にまとめた。それまで集団として意識されなかったラカイン北部のムスリムに、集団としての名称を与えたのである。

独立前後になると、指導者たちは、自らをロアンヤ（ときにルワンヤ［Rwangya］）や、英語でアラカニーズ・ムスリム（Arakanese Muslim）と呼び、ラカイン北部のムスリム全体を表した。ロアンヤはかつてと同じ音であっても、意味する内容が違った。

ブーティダウン郡やマウンドー郡から選出された国会議員のアブドゥル・ガファルが一九五〇年に議会で、当時の東パキスタンに流出したラカインからの難民に関する質問をしている。そのなかで、ラカイン北部のムスリム全体を指してルワンヤ（Rwangya）という言葉を使用していた。これは現在使われるロヒンギャとほぼ同じ意味だ。

チョーミンティンによると、ロヒンギャという言葉が英語とビルマ語ではじめて使われたことが確認できるのは、一九五九年にヤンゴン大学の学生たちが結成した「ヤンゴン大学ロヒンギャ学生団体」だという。翌年には、同団体が『ロヒンギャ小史』というブックレットをビルマ語で作成している。この時点までに、彼らの間でロヒンギャという言葉が定着していたのではないかと推測できる。つまり、ロヒンギャは、一九五〇年代に、ラカイン出身のエリートのムスリムによってつくられた集団名である可能性が高い。

意外なことに、当時はミャンマー政府もロヒンギャという呼称を受け入れていた。たとえば、一九六一年に当時の国軍幹部であったアウンジー准将が、マウンドーでの演説で、同地域の治安の安定のために「ロヒンギャ民族、ロヒンギャ指導者、ロヒンギャ宗教指導者」という言葉を使って、人々に過激派に関する情報提供と国軍への協力を呼びかけている。

この演説は、ラカイン北部に連邦政府直轄のマユ辺境県（Mayu Frontier District）が設置される式典での演説である。同県は、地元のムスリム議員であるスルタン・マフムードの提案で生まれたもので、ムスリムが多数を占める地域を連邦政府が直轄統治するという、当時としては新しい試みであった。ラカイン人が多数を占める当時のラカイン管区から独立した行政単位の新設で、ムスリム穏健派の要求がようやく実現した瞬間でもあった。

ところが、その後一年もたたないうちに軍事クーデターが勃発。約五〇年間続くことになる軍事政権が始まるのである。一九六四年にはマユ辺境県も有名無実化し（一九七四年に正式に廃止）、ロヒンギャは集団としてますます国家の外に追いやられていく。

この、ロヒンギャにとって苦難の時代が軍事政権によってどのようにもたらされたのか、次章で考察しよう。

第2章　国家による排除――軍事政権下の弾圧と難民流出

一九六二年から二〇一一年までの約五〇年間にわたって、ミャンマーでは軍事政権が続いた。人々は、独立後に認められてきた多くの権利と自由を失ってしまう。ムスリムたちはそれに輪をかけて不利な立場に置かれた。なかでもロヒンギャにとっては苦難の時代だった。軍事政権から日常的に弾圧を受け、ときに難民として故郷を逃れた。本章で検討するのは、こうした軍事政権下におけるロヒンギャと国家との関係である。

1　二つの軍事政権

ネーウィンによる社会主義的な軍事政権――一九六二～一九八八

ミャンマーの軍事政権は、一九六二年三月二日の軍事クーデターを起点とする。一九五八年にもクーデターが起きていたが、そのときは一九四七年憲法の枠内での一時的な国軍への権限

ネーウィン将軍　AP/アフロ

移譲であった。国軍最高司令官であるネーウィン将軍が内閣を組織し、一九六〇年には選挙を実施して首相の座をウー・ヌ率いる文民政権に譲っている。

だが、一九六二年のクーデターはそれとは違った。主導したのは同じくネーウィンだったが、政権を国軍が掌握するやいなや、憲法を停止し、首相を含めた政権関係者を逮捕・拘束した。国軍幹部からなる国家革命評議会をネーウィンは設置し、この機関に国家権力を集中させた。さらには、「ビルマ式社会主義への道」という声明を発表して、社会主義にもとづく独自の政治経済体制の建設を宣言した。

ネーウィンは元タキン党員で、アウンサンらとともに日本軍の訓練を受けてビルマ独立軍（BIA）で活躍した人物である。一九一一年生まれで（一九一〇年生まれという説もある）、軍人としての訓練を受けたのが三〇歳前。BIAメンバーのなかで最も年長だったことから、リーダー的な存在になった。この世代の軍人は、職業軍人というよりも、独立運動という革命に参加するために軍人を志した人々だ。政治への関与にためらいはない。ネーウィンが軍内での権力闘争に勝利して国軍のトップに就任したのが一九四九年で、一九六二年のクーデターまでには国軍を支配する特別な存在になっていた。

このネーウィンがつくりあげ、一九八八年まで続いた軍事政権は何とも独特であった。

まず、国軍中心の国家が建設された。民主主義は党派性に満ちた権力争いに過ぎないという不信感が軍内には強く、一九六四年に政党はすべて禁止された。残ったのは、国家革命評議会が組織したビルマ社会主義計画党（Burma Socialist Programme Party：ＢＳＰＰ）だけである。同党への入党を認められた文民政治家はごくわずかだった。一九七四年三月には、社会主義的な新憲法（ビルマ連邦社会主義共和国憲法、以下、一九七四年憲法と表記）を施行して一党独裁制が敷かれている。文民政治家に加えて官僚たちも権力から遠ざけられた。省庁の幹部ポストに続々と国軍将校たちが就任し、各省をコントロールしていった。

次の特徴は、中央集権化の進展である。ネーウィンをクーデターに駆り立てた動機のひとつは、中国およびタイと国境を接するシャン州の分離を防ぐことであった。一九四七年憲法は一部の州に対して独立から一〇年後の分離権を認めていた。なかでもシャン州では、伝統的な地方領主たちが影響力を保持し、独立を志向する人々もいたため、国家統合を重視する国軍にとっては脅威に映った。一九四七年憲法ではもはや連邦の統合は維持できない、そう考えたネーウィンは、クーデター後に一九四七年憲法を停止する。そして、地方に権限のない、連邦とは名ばかりの中央集権国家が建設されていった。

第三の特徴は、閉鎖的な外交政策である。ネーウィンによる軍事政権のイデオロギー的特質は、内向きのナショナリズムと社会主義の融合であった。当時の社会主義国であれば、西側に対して国を閉ざすことは不思議ではないが、ネーウィンにはソビエト連邦や中国といった既存の社会主義国との関係を深める気もなかった。非同盟と中立主義の原則のもと、国を閉じる外交政策を採用する。背景には、アメリカとフランスによる介入で内戦が激化していたインドシナの状況があったものとみられる。国際介入を避けるための鎖国化ともいえた。たとえば、当時ラオスでは、アメリカの中央情報局（CIA）の組織した少数民族ゲリラが、ラオス軍とともに、北ベトナムが支援する共産主義勢力と戦っていた。

こうして、ネーウィンが独裁的な権力を持ち、ナショナリズムと社会主義をイデオロギー的な基礎としつつ、国軍の影響力が突出した中央集権的で閉鎖的な軍事政権が生まれた。

タンシュエによる「なし崩し」の軍事政権——一九八八〜二〇一一

一九八八年、前年からのインフレを背景に、二六年間続いたネーウィンの支配に対する街頭での抗議運動が拡大した。当初は学生が主体だったが、次第に多くの市民を巻き込み、同国史上最大規模の反政府大衆運動に発展した。デモや集会が連日のように起きた。それを受けて、ネーウィンが突然引退を決断する。ネーウィンの引退で運動はさらに勢いづいたが、九月一八日、国軍最高司令官であったソーマウン将軍が主導するクーデターが起きた。いわば、新世代の国軍が旧世代中心の軍事政権を乗っ取ったかたちである。

新しい軍事政権は社会主義を捨てた。一九七四年に制定された社会主義憲法は廃止され、一党制もなくなり、市場経済化が図られた。外交も少しずつ開放路線に転換していく。その一方で変わらなかったのは、国軍を屋台骨とする統治であった。

クーデター後に国家の最高意思決定機関として、国軍幹部からなる国家法秩序回復評議会（State Law and Order Restoration Council：ＳＬＯＲＣ）が結成された。その名の通り、この軍事政権は、社会の混乱をおさめて法と秩序を回復するという大義のもとに生まれた暫定政権だった。国軍は国家権力の掌握と同時に総選挙の実施も約束し、実際に一九九〇年に選挙を行っている。自由で公正だったこの選挙では、アウンサンスーチー率いる国民民主連盟（National League for Democracy：ＮＬＤ）が圧倒的な勝利をおさめた。だが、党派性に偏らない憲法起草が先決という理由で、軍事政権は選挙結果を無視した。暫定政権だったはずの政権がなし崩しに続くことになる。

タンシュエ将軍
ロイター/アフロ

この、「なし崩し」の軍事政権は、ネーウィンの体制よりもさらに異様だった。憲法も議会もないまま、将来の民主主義を約束しながら二〇年以上続いたからである。一九九三年になってはじまった憲法起草の作業は、終了までに八年間の中断期間も含めて一四年かかっている。

その間、ＳＬＯＲＣ（一九九七年からは国家平和発展評議会［State Peace and Development Council：ＳＰＤＣ］に改組）に立法権と執政権が集中した。このＳＬＯＲＣ／ＳＰＤＣの議長と、国軍最高司令官の職を一九九二年から兼務し続けたのがタンシュエ将軍であった。

タンシュエは、ミャンマー中部の町チャウセーに一九三三年に生まれている。地元で高校を卒業し、同じく中部の都市であるメッティーラで郵便局員として一年ほど勤めたあと、一九五三年に国軍の士官養成訓練を受けて（当時はまだ士官学校がなかった）任官した。シャン州での対ビルマ共産党作戦などで戦果を上げて昇進した軍人である。ネーウィンら第一世代が独立運動のために軍人になった人たちだとすれば、タンシュエをはじめとするSLORC／SPDCの指導層は、職業として軍人の仕事を選んだ人たちである。

タンシュエにとって国軍の使命は、主権と国家統合の維持だった。そのため、一九八八年の反政府デモも、アウンサンスーチーらの民主化勢力も、彼の目には国家安全保障を脅かす脅威としか映らなかった。軍事政権期の民主化勢力に対する弾圧はよく知られる通りである。アウンサンスーチーは合計で一五年間自宅軟禁下にあった。しかしまだこれでも優遇されたほうであった。政治活動を理由に二〇年間にわたり刑務所に投獄された政治活動家もいれば、刑務所の劣悪な環境で命を落とした政治囚も少なくなかった。

経済面では、市場経済化が進み、一定の経済発展を達成した。しかし、政治問題が足を引っ張る。すでに冷戦期ではなく、反共であればアメリカの支持を得られる時代ではなかった。選挙結果を認めず、民主化勢力を弾圧する軍事政権に対して、アメリカが制裁を課したのだ。ヨーロッパ連合（European Union、制裁の開始時はヨーロッパ共同体［European Community］）も続く。

結果として、制裁の影響で軍事政権は国際的に孤立していった。

2　タインインダー（土着民族）と国籍法改正

ネーウィンのナショナリズム

では、ネーウィンとタンシュエという二人の指導者が支配した長い軍事政権で、ロヒンギャを取り巻く環境はどう変わっていったのだろうか。

ひとことでいえば、国家による排除と管理の強化だった。

独立後のミャンマーは国家が統治できない地域を多く抱える典型的な脆弱《ぜいじゃく》国家だった。国家を安定させ、強くするためにはどうすればよいか。ネーウィンが出したひとつの答えが、国家への忠誠心のない人々の排除である。そのために、ネーウィンは国民を二種類に分けて定義する。鍵となる言葉が「タインインダー」である。

まずは、訳語を付けずにネーウィンによるタインインダーの使い方をみてみよう。クーデターから二年弱がたち、資本の国有化など政治経済の再編が本格化した一九六四年の連邦記念日（二月一二日）の演説である。

すべてのタインインダーの友愛と団結が経済、社会が繁栄し、また安定して統一された国家を建設するうえで基本となることを、すべてのタインインダーは受け入れる必要がある。タインインダーの間の団結と友愛のためには、カチン人、カヤー人、カレン人、チン人、ビルマ人、シャン人、その他のビルマ連邦に住むタインインダーたちはどんなことがあっても、生涯に渡ってともに協力する必要がある。それができたときだけ、タインインダーたちはお互いに手と手をとって、連邦やそこに住む諸民族のために信頼とともに働けるだろう。

若干くどいこの演説のいわんとするところは、タインインダーが団結すれば、政治、経済、社会が繁栄して発展するということである。ちなみに、ネーウィンに最も近い側近で、のちに大統領にもなったマウンマウンによると、この演説は、ネーウィン自身が起草した唯一の演説だという。それだけ思い入れが強かったのだろう。

では、タインインダーとは何か。ビルマ語で、「タイン」(国)+「イン」(もともと)+「ター」(息子あるいは子供)からなるこの言葉は、「もともとこの国に住んでいた人」という意味である。この言葉は一九世紀のミャンマー語―英語辞書には記載がなく、どのように生まれたのかはまだよくわかっていない。二〇世紀初頭の辞書には土着民を意味する native が訳語として当てられており、この頃には定着していたようだ。ここでは土着民族と訳そう。

この土着民族という言葉は、統治者であるイギリス人、インド系の移民、そして中国系の移民と、それ以前からいた人たち、この両者をを区別するために使われた言葉である。それが反植民地主義運動のなかで現地人を政治的な共同体をつくる集団としてイメージさせる概念になっていく。この概念を国家イデオロギー上の武器として使ったのがネーウィンだった。その論理は以下のようなものだ。

イギリスがミャンマーを植民地化する前、そこには土着民族の国があった。植民地支配で国は失われ、外から人が移り住んできた。彼らは我々の土地の富を収奪し、権利を奪い、文化を危機に直面させた。いま、植民地支配が終わって独立を達成したのだから、本来の土着の民族の国に戻るべきである。そして、土着民族による国を再建するには、土着民族に含まれる諸民族の団結が必要である。

こうした土着性へのこだわりが、排他的な国民意識や国家のあり方に影響を与える現象は、ミャンマーだけの話ではない。南アジアやアフリカでも「土地の子」(sons of the soil)や「先住民性」(indigeneity、autochthony)の問題として知られている。東南アジア諸国でも、インドネシアに「プリブミ」、マレーシアに「ブミプトラ」といった似た概念がある。

ネーウィンがナショナリズムと社会主義とを結びつけた背景には、移民たちが経済的な利益をほしいままにする一方で、土着民族が貧困に苦しんでいる、という社会認識があった。一九六二年のクーデター後には、インド系や中国系の実業家や商人たちが、数千人単位で経済犯として収監された。一九六四年に資本の国有化が本格化すると、五〇万人以上のインド系、中国系住民がミャンマーを脱出する。

土着民族という概念がやっかいなのは、こうした他者の排除を正当化するだけではなく、この言葉を使って土着とされる民族間の格差を隠蔽《いんぺい》することもできたことにある。つまり、ネーウィンが唱えた土着民族の団結は、その過半数を占めるビルマ人の優位を見えなくしてしまうのだ。団結という言葉の裏で、行政用語のビルマ語化、学校教育のビルマ語化、非ビルマ語の出版物の禁止のような、同化主義的な政策が強引に推し進められた。こうした政策は、少数民族にはビルマ人中心の国づくりにみえたはずだ。

また、権力の中枢を担った国軍には、そもそもビルマ人が多い。かつて筆者が一九七〇年代から八〇年代にかけての国軍幹部将校約二〇〇人の出身民族を調査したところ、八割を超える将校が仏教徒のビルマ人だった。これは人口全体のビルマ人の割合（約六割）よりずっと高い。この偏った民族構成は、独立後の軍内での権力争いで、少数民族の将校や兵士たちが軍内から放逐されたために生まれたものである。その後も、少数民族武装勢力との内通を恐れて少数民族の国軍への募兵は抑制されてきた。この国軍が政府の機構的な屋台骨となるのだから、自《おの》ずと政府幹部のほとんどは仏教徒のビルマ人になった。

国籍法の改正

ネーウィンは、自身が理想とした土着民族中心の国民像を現実のものにするために、国籍法を改正した。一九八二年のことである。現在もこの国籍法は有効だ。

一般的に国籍には大きく分けて血統主義と出生地主義がある。血統主義は国籍取得の際に親の国籍を継承し、出生地主義は出生した国の国籍が付与される。独立時の憲法（一九四七年憲法）と一九四八年の国籍法は、基本的には血統主義であったが、帰化による国籍取得に広く門戸が開かれていた。

一九四七年憲法第一一条では、土着民族については血統主義で国籍を付与することを謳っている。主に三つのケースが想定された。⑴両親がミャンマーの土着民族（ラカイン人、ビルマ人、チン人、カチン人、カレン人、カヤー人、モン人、シャン人、その他の一八二三年以前から連邦内の領土に住んでいた民族）である者、⑵ミャンマーの領土内に生まれ、祖父母の少なくとも一人が土着のいずれかの民族に属す、あるいは属していた者、⑶ミャンマーの領土内に生まれた土着民族で、死亡した両親が引き続き生存していれば国籍取得の資格を満たす者の子供、である。

植民地期の移民も帰化を選択すれば国籍の取得が可能になっていた。ミャンマーを含むイギリス領内で生まれて、ミャンマー国内のいずれかの場所で、憲法制定前の一〇年、あるいは一九四二年一月（日本軍の侵攻開始の年月）までの一〇年間のうち八年以上暮らし、今後も居住する意思がある者に国籍は認められた。国籍があれば、土着民族と帰化者の間に権利の差はなかった。

この制度をネーウィンはどう変えたのか。土着民族とそれ以外を明確に区別し、後者を排除する仕組みをつくろうとした。一九七四年の憲法制定後に国籍法改正の準備が進み、一九八二年に法制化される。この新しい国籍法では、国籍取得の資格がある者を国民、準国民、帰化国民の三種に分類する。簡単に違いを示すと以下の通りである。

国民　第一次英緬戦争がはじまる一八二四年より前からミャンマーで暮らしていた土着民族の一員

準国民　一九四八年国籍法に従って国籍取得を申請したものの、本改正法施行時までに決定を受けていない者

帰化国民　一九四八年一月四日（独立）までにミャンマーに住んでいたことが証明できて、一九四八年国籍法にもとづいて申請をしていなかった者

一九八二年国籍法の肝は、国民を土着民族に限定し、その他の人々と区別することであった。すでにみたように、ネーウィンは土着民族ではない人々の国籍取得に不信感があった。再び彼の演説を引用しよう。以下は、同国籍法とその背景を分析した斎藤紋子《さいとうあやこ》の論文からの引用である。

お金が入ればそれでいいという彼ら（インド系、中国系を指す）の習性を、われわれは知っ

ているのであるから、国家の運命を決定するような組織に彼らを参加させていいものかと(思う)。だから、われわれは彼らに国民としての完全な権利を与えられない。しかし、人間として仕事をすればそれに見合うだけ食べていけ、人間らしい暮らしができるような権利は与える。これ以上の権利は与えられない。

要するに、インド系、中国系の人々は金にしか興味がないから、国家の意思決定から排除するということである。この排他的なナショナリズムの背景には、インド系、中国系の人々に二重国籍保持者が多くいたこと、また、富裕層にもインド系、中国系の人々が多く、彼らがミャンマーの富を収奪しているという植民地時代から続く敵対意識が影を落としている。

一方で土着民族は、ネーウィンにとっては国民の「純粋な血統」だった。他の民族と血が混じり合うことにも否定的であった。当初、準国民と帰化国民も三世代目には国民になるとネーウィンは語っていたが、現在も、三つの国籍の間の壁はなくなっていない。準国民や帰化国民は、大学進学や官公庁での昇進で不利な扱いを受ける。

ロヒンギャの位置づけ

では次に、土着民族とはいったい誰のことか。

前章で「民族・言語・仏教」（アミョー・バーダー・ターダナー）という概念を紹介した。他者を排除する点で、この言葉と土着民族は似ている。ただ、「民族・言語・仏教」は、脅威から護るべき対象として生まれた概念であり、この言葉が内包する集団の定義については曖昧な部分があった。動員のためのスローガンやプロパガンダであればそれでもよい。だが、国籍法となるとそうはいかない。行政の現場では、申請者ひとりひとりの事情を考慮して国籍の付与の可否、その種類を決めなければならない。そこで土着民族を構成する一三五の民族リストが定められた（図表2－1）。八つの主要民族の下に一三五の民族が割り振られている。

国籍法改正前までは別のリストが存在し、そこには一四四の土着民族と、二六の外国人の分類が挙がっていた（一四三民族からなるリストが新聞に掲載されたこともある）。土着民族の数はもっと多かったのである。この一四四の土着民族にロヒンギャという名はない。しかし、「ラカイン・チッタゴン」（ラカインにいるチッタゴン人）というロヒンギャに近い民族分類が含まれていた。他にも「ミャンマー・ムスリム」（ムスリムのミャンマー人）、「中国系ミャンマー人」、「インド系ミャンマー人」、「イギリス系ミャンマー人」など、○○系ミャンマー人と呼ばれる人々が土着民族として認められていた。このリストが、一九七四年憲法の制定、一九八二年の国籍法の施行、一九八四年の人口調査の実施に合わせて改定された。

改定作業は、いわば「純粋な血統」の持ち主を選択する作業であった。学者や当時の支配政党の検討委員会で検討された結果、中国系ミャンマー人やインド系ミャンマー人などとともに、ラカイン・チッタゴンも土着民族リストから外され、最終的に一三五に整理された。

図表2－1　ミャンマー政府が定める135の土着民族リスト

カチン		**チン**		68	マトゥ	101	ムロ
1	カチン	33	チン	69	マラ	102	テッ
2	タローン	34	メイテイ	70	ミエル	**シャン**	
3	ダラウン	35	サライ	71	ムン	103	シャン
4	ジンポー	36	カリンコー	72	ルシャイ	104	ユン
5	ゴーリー	37	カミ	73	レムロー	105	クウイ
6	カ・ク	38	アワカミ	74	レンテー	106	ピイン
7	ドゥレン	39	コーノー	75	ラウトゥ	107	タオ
8	マルー(ロンウォー)	40	コンソー	76	ライ	108	サノー
9	ラワン	41	コンサイチン	77	ライゾウ	109	パレー
10	ラシー	42	クアルスィム	78	ワキム	110	イン
11	アヅィー	43	クアンリー	79	ファルンゴウ	111	ソウン
12	リス	44	ガンテー	80	アヌ	112	カム
カヤー		45	グイテー	81	アナル	113	コー
13	カヤー	46	ンゴーン	82	ウップー	114	コーカン
14	ザイェイン	47	スィザン	83	リング	115	カムティ・シャン
15	カヤン(パダウン)	48	センタン	84	アショーチン	116	ゴゥン
16	ゲーコー	49	サイザン	85	ロントゥー	117	タウンヨー
17	ゲーバー	50	ザハウ	**ビルマ**		118	ダヌ
18	パイェ（カヨー）	51	ゾウトゥン	86	ビルマ	119	パラウン
19	マヌマノー	52	ゾウペイ	87	ダウェー	120	ミャウンジー
20	インタレー	53	ゾウ	88	ベイ	121	インチャー
21	インボ	54	ザンニアッ	89	ソー	122	インネッ
カレン		55	タポン	90	ヤベイン	123	シャン・カレー
22	カイン	56	ティディム	91	カドゥー	124	シャン・ジー
23	カインピュー	57	テイザン	92	ガナン	125	ラフ
24	パレーチー	58	タション	93	サロン	126	インダー
25	ムンカイン	59	タドー	94	ポン	127	アイトゥエ
26	スゴー	60	トール	**モン**		128	パオ
27	タレーボワ	61	ディム	95	モン	129	タイ・ルェ
28	パクー	62	ダイ	**ラカイン**		130	タイ・リエン
29	ブエ	63	ナガ	96	ラカイン	131	タイ・ロン
30	モーネーボワ	64	タンクール	97	カマン	132	タイ・レー
31	モーポワ	65	マリン	98	クミー	133	マインダー
32	ポーカイン	66	パヌン	99	ダイネッ	134	モーシャン
		67	マガン	100	ムラマージー	135	ワ

この一三五の民族に含まれていない以上、ロヒンギャは植民地時代に移住した帰化国民（民族分類としては「パキスタン」や「ベンガリー」）として申請するしかなくなる。そうなると、植民地化以前からラカインに住んでいたムスリムは、土着民族としての資格を法的には満たしているにもかかわらず、土着民族として認められないことになる。これに反発してロヒンギャの医師であるムハンマド・ユヌスが、過激派の武装組織、ロヒンギャ連帯機構（Rohingya Solidarity Organization：ＲＳＯ）を設立するなど（現在も活動中）、強い反発があった。

土着民族となることを諦め、帰化国民の地位を受け入れたとしても、国籍取得までの道は遠い。家系図や数代さかのぼって居住していた事実を裏づける資料を集めて提出しなければならないからだ。ラカイン北部は教育水準も低く、字の読めない人々が大半で、そうした証明は難しい作業だった。しかも、申請から審査、認定までの時間がとても長くかかる。最短で国籍を取得する方法は、役人に賄賂を渡すことだが（実際にこの手段で国籍を取得したロヒンギャも多い）、賄賂を払う金があるのは一握りの人々にとどまる。こうして多くのロヒンギャは国籍取得を諦めなければならなかった。

以上のような軍事政権の排他的な制度変更に加えて、ミャンマーとバングラデシュとの国境地帯でさまざまな事件が起き、その影響でロヒンギャのミャンマーでの居場所はさらに失われていく。次節でみてみよう。

3　難民流出による国際問題化

バングラデシュ独立戦争

一九七一年、東パキスタンがバングラデシュ人民共和国として独立する。その過程は血なまぐさいものだった。

前年の総選挙で勝利したアワミ連盟は、東パキスタンを基盤とする勢力で、東パキスタンの自治権拡大を主張していた。当時のヤヒヤー・ハーン大統領が議会開催の延期を発表。軍の部隊を東パキスタンに派遣した。こうして九ヵ月間にわたる独立戦争がはじまる。内戦としてはじまった争いは、インド軍による東パキスタンへの派兵で第三次印パ戦争に発展した。最大で三〇〇万人の犠牲者が出たといわれるほどの激しい戦闘と社会的混乱の末、一九七一年一二月にバングラデシュ人民共和国が独立した。翌年にアワミ連盟の長であるムジブル・ラーマンが初代首相に就任した。

このバングラデシュ独立戦争で、一〇〇〇万人を超える難民がインドに流出した。にわかには信じられない数であるが、この難民の大量流出がインドによる武力介入の理由になった。このとき、ラカイン州にも東パキスタンから難民が流入したとみられている。正確な数字はわかっていないが、当時のイギリス外務省の公電に在ヤンゴン・パキスタン大使の言葉として、約五〇万人の人々が国境を越えてミャンマーに避難したと記録されている。この数字を信じるかどうかは別として、徒歩で越えられる国境を持ち、国境管理も十分にできていないラカイン北部であれば、相当な数の難民が流入していてもおかしくはないだろう。

事件後、難民がどれほど元の居住地に戻り、どれほどラカインに残ったのか、確かな数はわからない。だがこの事件で、ミャンマー政府だけでなく一般のミャンマー人も、ラカイン北部にムスリムが不法に入国して定着しているという認識を強めたのは確かである。こうした「疑惑」を受けて軍事政権は国境地帯の国籍の審査を強化していった。

ナガーミン作戦——一九七八

軍事政権によるラカイン北部の国籍審査のなかで最も大規模なものが、一九七八年二月に実施されたナガーミン作戦である。国籍審査に作戦名がつけられている時点で穏やかでないことがわかるだろう。この作戦には、人口調査や国民登録証の確認はもとより、外国人に関する情報収集、さらに違法行為の捜査と裁判所の設置まで含まれていた。審査というよりも、不法入国者の取り締まりだった。こんな作戦が平和裏に進むはずはない。

同年二月に作戦がはじまった直後からロヒンギャによる抵抗があった。一部の地域ではロヒンギャとラカイン人との衝突に発展した。国軍の部隊が治安維持に派遣される事態に陥る。三月には、作戦が仕切り直されて、マウンドー郡で一二万五〇〇〇人、ブーティダウン郡で一〇万人、その他四つの郡が作戦の対象となった。ミャンマー政府によると、この審査で一〇〇〇人を超える人々が逮捕された。同時に、多くの人々が審査を逃れるために避難した。約二〇万人がバングラデシュに流出したのである。

この作戦中に国軍や警察がどれほどロヒンギャに暴力をふるったのかはよくわかっていない。ロヒンギャの活動家たちのなかには、ジェノサイドがあったと主張するものもいる。その真偽はおくとしても、当時の状況を考えれば、取り締まりそのものがロヒンギャに恐怖感を与えたのは間違いないだろう。

翌年、国連機関の支援のもとで、帰還プログラムが実施された。だが、帰還を望まない者も多く、なかにはパキスタンやサウジアラビアのようなイスラーム諸国に移住した人たちがいる。ディアスポラ・コミュニティが世界各地で誕生、拡大した。

二度目の大規模流出——一九九一～一九九二

二度目の大規模流出は一九九一年から一九九二年にかけて起きた。国籍審査ではなく、軍事作戦に起因する事件だった。ミンアウン作戦と呼ばれ、国軍発行の出版物にも軍事作戦として登場する。

作戦開始の前年、国軍はバングラデシュ国境地帯で活動する前述のRSOが武器と兵士を増強しているという情報を得ていた。そのなかには、RSOにサウジアラビアからバングラデシュ経由で援護部隊が加入しているという情報も含まれていた。ラカインには他にも、一九八六年にRSOから分離したアラカン・ロヒンギャ・イスラーム戦線（Arakan Rohingya Islamic Front）、アラカン人の武装勢力であるアラカン民族統一戦線（National United Front of Arakan）やアラカン軍（Arakan Army、現在活動している同名の武装勢力とは別の組織）も小規模ながら活動していた。

これらの勢力に対して、国軍はラカイン北部のほぼ全域で軍事作戦を敢行する。作戦は一九九一年から翌年まで続いた。作戦の詳細は不明だ。国軍の記録によれば、同作戦での死者数は国軍側一人、RSO側五人となっている。だが、作戦には少なくとも一〇個大隊がかかわっており、作戦規模に比して犠牲者数が少なすぎるようにみえる。おそらくもっと多くの犠牲者が、国軍と武装勢力、また民間人にも出ていたはずである。別の角度からそれを裏付けるのは、発生した難民の数だ。この紛争の結果、ナガーミン作戦後の約二〇万人を上回る約二五万人の難民がバングラデシュに逃れている。

さすがに軍事政権もこの事態を無視することはできず、国連難民高等弁務官事務所（UNHCR）の仲介と支援を受けてバングラデシュ政府と難民帰還の手続きに合意した。この合意に従って、一九九五年までにおよそ一九万人が帰還したといわれている。

この二度目の難民流出が国際世論に与えたインパクトは大きい。当時は、一九八八年の民主化運動とクーデター、さらに一九九〇年の総選挙のあとで、ミャンマーの政治変動、なかでも国軍の動向は世界的に注目されていた。そのタイミングで起きた事件だった。ロヒンギャという名が広く国際的に知られるきっかけになった事件といってもよいだろう。

難民船に乗ったロヒンギャたち
© Zikri Maulana/ZUMA Wire/共同通信イメージズ「ZUMA Press」

ボート難民化

一九九二年には難民の帰還がある程度実現したとはいえ、コックスバザールにはロヒンギャ難民が残った。UNHCRに登録された数だけで二〇〇八年までに二万人から三万人。二〇〇九年に同機関が難民の再登録を進めたところ、実に二〇万人を超える難民がキャンプなどで暮らしていることが判明した。

当然ながら難民キャンプの暮らしには限界があった。生活はできても、将来の展望が見えないし、自由もない。同じ難民キャンプでも、タイ国境の難民キャンプが、タイでの就労機会を求めるミャンマー人を抱え込んだのとは違った。ロヒンギャにとって厳しいキャンプの環境から抜け出し、新しい生活や経済的な安定を求めるひとつの方法が、ボート難民になることだった。

二〇〇〇年代半ばからロヒンギャ難民が、ボートでタイやマレーシアに逃れる動きが盛んになった。いうまでもなく、難民たちが自力で船を準備して海洋に乗り出すのは難しい。「旅」の段取りを準備するのはブローカーで、ロヒンギャたち（なかには貧困層のバングラデシュ人も含まれているとみられる）は彼らに金を払って命がけで海路を進んだ。目指した先はタイやマレーシアだったが、目的はそこで国連機関などの支援を得て、最終的には先進国に移住し、家族を呼びよせることだった。

二〇一〇年の初頭、筆者はマレーシアのペナン島でロヒンギャにインタビューを行っている。ペナンに流れ着いた数十人のロヒンギャが、郊外にあるコンクリート打ちっぱなしの粗末な家々に避難していた。ちょうど一年ほど前、ロヒンギャが乗った難民船を発見したタイ海軍が、いったん彼らを拘束したあとに、再び海上に置き去りにするという事件が起きていた。ロヒンギャ難民への注目が集まっていた時期で、難民を支援するNGOがロヒンギャと会う機会をつくってくれた。以下は、あるロヒンギャ男性が筆者に語った話をまとめたものである。

コックスバザールの難民キャンプは、治安が悪く、食糧も乏しかった。環境の悪さに耐えかねていたとき、マレーシア政府が難民の定住を認めるという噂を耳にした。ブローカーを見つけ、一万タカ（当時のレートで約一万六〇〇〇円）を払って、ボートに乗り込んだ。九八人が乗った小さな船は、途中で故障して、一八日間海洋を漂った。食糧も水も尽き、ここで終わりかとあきらめかけた頃、ミャンマー最南端と接するタイのラノーン沖でタイ海軍に発見された。

その後、バンコクに移送され、一〇日間を収容所内で過ごす。強制送還かと思ったとき、タイ人のブローカーが収容施設に現れた。そのブローカーがいうには、マレーシアに行きたければ、二五〇〇リンギット（約六万五〇〇〇円）を払えば手はずを整える、ということだった。バングラデシュにいる親戚をたよってその金を闇送金で支払い、マレーシアの国境付近まで車で運ばれ、そこから険しい山道を歩いてマレーシアに入国した。同じ船で来た人々のうち、約半数は金が払えずにタイの収容施設から、遠洋漁業の労働者として売られていった。

この証言の裏をとることは難しい。だが、話の内容はかなり具体的であったし、難民ブローカーが難民キャンプとバンコクとの二ヵ所に現れているところや、タイとマレーシアの国境付近でいったん車を降りて徒歩で国境を越えるというあたりにリアリティが感じられる。ちなみに、過酷な経験をしてマレーシアにたどりついたものの、難民が定住できるという噂はデマで、第三国定住も簡単ではなく、筆者が話を聞いた難民たちはNGOの支援でなんとか生活していた。

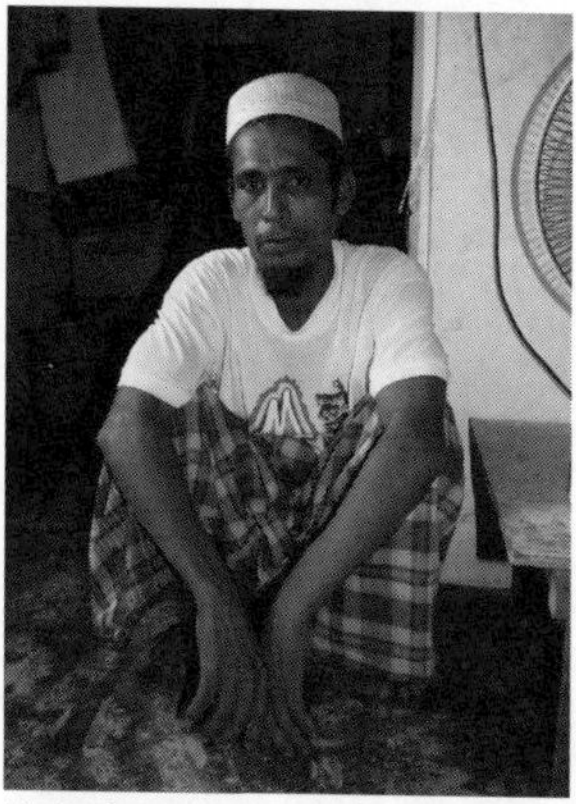

筆者がインタビューをしたロヒンギャ難民（2010年1月撮影）

似たような話は、難民支援をしているNGOや人権団体のレポートにも出てくる。なかにはもっとひどい話もある。二〇一五年五月、タイ南部のソンクラー県のマレーシアとの国境付近で、ロヒンギャの遺体三〇体が地中に埋められているのを現地警察が発見した。マレーシアへの密入国を斡旋するブローカーが、代金未払いの難民たちに食事を与えずに国境付近で留め置いていたところ、飢えや病気で死亡したために遺体を埋めた、というのがタイ警察の説明であった。この事件をひとつのきっかけにして、密出入国のブローカーに対する批判と摘発がタイやバングラデシュで相次いだ。

このブローカーの摘発によりボート難民化が抑制された結果、特にロヒンギャの若者たちが行き場を失って、のちの紛争に加担していったという指摘もある。もしこれが真実だとすれば、とても皮肉な因果だろう。

4　国家安全保障とロヒンギャ

西から迫る脅威？

ロヒンギャ問題が国際的に注目を浴びたのは難民あるいは人権問題としてであった。当然、ロヒンギャは人権侵害の被害者である。ロヒンギャの活動家たちや人権団体も、一九九〇年代以降は、それまでの民族主義的な主張ではなく、ミャンマー政府による人権侵害とロヒンギャの権利保護の必要性を国際世論に訴えるようになった。

それと同じ時期にミャンマー国内で進んでいたのが、ロヒンギャに対する安全保障化だった。

組織名	活動期間
ムジャヒッド党	1947-1961
ムスリム（ロヒンギャ）民族解放党	1962-1973
ロヒンギャ愛国戦線（ロヒンギャ独立戦線）	1973-1986
ロヒンギャ連帯機構	1982-
アラカン・ロヒンギャ・イスラーム戦線	1986-1998
アラカン・ロヒンギャ国民機構	1998-
アラカン・ロヒンギャ救世軍	2013-

図表2－2　ロヒンギャによる武装組織一覧

安全保障化（securitization）とは、簡単にいえば、国家が安全保障上の脅威として、特定の人物や集団を認識することである。安全保障化されると、共存よりも排除の対象になる。

すでにみたように、かつてからロヒンギャの武装勢力はミャンマー政府にとって安全保障上の脅威だった。たとえば、図表2－2はロヒンギャの武装組織の一覧である。政府と国軍による圧力を受けたり、分裂したりしながらも、途切れることなく暴力的な抵抗が続いてきたことがわかるだろう。一九六〇年代以降は、ほぼすべての武装組織が、拠点を国境のバングラデシュ側（東パキスタン側）に置き、脆弱な国境管理の合間をぬって活動していた。

一九九〇年代以降には、こうした武装勢力に加えて、ロヒンギャという集団が脅威だと認識されていった。どのように軍事政権の脅威認識と結びついたのか。ある元将軍の言葉を引用しよう。

ラカイン州にさまざまな方法でたどりついたムスリムのべ

ンガル人は、独立直後あたりから、ムスリムだけからなる州を設立するために使用してきたロヒンギャという呼称を、今も捨てることなく使用して、州の設立、そこからの分離、さらにジハードと称する宗教戦争を仕掛けて、ラカイン州だけでなくミャンマー全土をイスラームの国にしようとしている。このことをミャンマー国民全員が認識すべきだ。

キンニュン将軍

ロイター／アフロ

SLORC／SPDCの幹部であったキンニュン元将軍による回顧録『国家の西方から迫る難問』の一節である。キンニュンは国軍情報部の長として、一九八八年にクーデターを敢行した主要人物のひとりだ。SLORCでは第一書記となり、二〇〇四年に失脚するまで、タンシュエ、マウンエーに続く軍事政権のナンバー3として大きな影響力を持った。

キンニュンは国境地帯の管理も統括し、ロヒンギャ対策にも決定的な役割を果たした。しかも、彼は三〇代後半のときに、ラカインに駐屯する大隊の長として、ナガーミン作戦に従事した経験がある。そうした人物が、「ベンガル人」（ロヒンギャ）がジハードを通じてミャンマーを乗っ取るというシナリオを、現実味があるものとして語っているのだ。

むろん、ミャンマーをイスラーム教国にしようという考えを持つロヒンギャがいても不思議ではないし、そうした考えが暴力に直結する危険を想定して対策を講じるのも、安全保障担当者の役割だろう。しかし、彼の言葉はロヒンギャの武装集団について語ったものではない。彼が語っているのは、ロヒンギャという集団全体を指している。つまり、ロヒンギャが集団として安全保障化されたのである。

安全保障化の対象として国家の脅威になり、ロヒンギャは封じ込められていった。キンニュンの回想から読みとることができる軍事政権の基本的な戦略は以下である。

バングラデシュとミャンマーとの国境には、山はあっても北半分だけである。国境の南にはナフ川が流れているが、場所と季節によっては歩いて渡ることも可能である。さらに海を使えば、ベンガル湾沿いを船でミャンマー側に移動するのも容易だ。人や物資の国境間の移動はコントロールが難しい。ならば、いますでにミャンマー側にいるムスリムたちを「人間の壁」（キンニュンの言葉）にする。つまり、ラカイン州北部のムスリム社会と個人の生活を徹底的に管理して、流出もさせず、不法入国や人口増加もさせずに封じ込める。

この構想を実現する機関として、一九九二年四月に国境地帯入国管理機構（通称ナサカ）が設置された。ナサカは、国軍情報部を中核に、警察、入国管理局、国税担当部局で構成された組織で、いくつかの国境に設置された。バングラデシュとの国境では、マウンドー郡とブーティダウン郡を管轄地として、①不法入国の取締、②密輸の取締、③治安の維持、④諜報活動、の四つを公式の任務とした。字面だけみれば、国境管理に必要なことにみえる。だが、実際のナサカの仕事はロヒンギャの生活の管理まで含まれていた。

一九九三年にはじまる「把握・登録・審査」（ビルマ語で「スエー・ティン・シッ」）計画にもとづいて、村落部を中心とした住民把握と管理強化が進んだ。不法入国者の報告義務などは当然として、もっと私的領域にも踏み込んだ。たとえば、結婚について、ナサカ管轄地域のすべての住民に対し、事前申請を義務づけた。結婚を望むロヒンギャは、結婚前の男女の写真と同意書、親の同意書、一八歳以上である証明、地区や村落の長《おさ》による同意書などを提出しなければならず、申請後に当局の許可があってはじめて結婚できた。

また、複数の配偶者を持つことを禁止した。結婚と離婚を繰り返して、結果として複数の妻を娶る「脱法行為」もなくそうと、離婚も許可制とした。さらに出産は、一度の結婚で二人までとして、再婚した場合には、一度だけ二人まで出産が許されるとしている。他にも、子供に土着民族の名前をつけることを原則禁止にするなど、こと細かに規定が定められた。

ミャンマー政府の内部資料によると、二〇〇五年八月二〇日から一〇月三一日に、届け出のない子供を当局が調査したところ、三二〇二人見つかったとある。政府内ではこの子供たちを「ブラックリスト・ベイビー」と呼び、両親への懲罰が検討されていた（実際に刑罰が課されたかは不明）。

こうしたロヒンギャの人口抑制が試みられた一方で、ラカイン人やビルマ人のラカイン北部への入植が進められた。モデル村を二〇以上つくり、そこにバングラデシュのチッタゴン丘陵から避難してきた仏教徒の難民や、ヤンゴンの失業者や浮浪者、その他の地域から希望者を募って移住させた。移住したのは全員仏教徒である。少しでも人口構成を変えようという意図があったのだろうが、その点ではほとんど効果はもたらさず、モデル村となった土地をロヒンギャから奪ったという批判を受けるだけであった。

二〇〇四年にキンニュンが失脚し、国軍情報部が解体されると、ナサカは組織的中核とそれを支える大物軍人を失った。その後、密入国や密輸、結婚の許可、出生の登録への賄賂の要求が増えていったという。さらに、それまで国軍情報部が収集していた村落の情報も集められなくなり、ロヒンギャ内部の動向が見えなくなっていく。二〇一二年以降にラカイン州北部で紛争が激化した背景には、国軍情報部の解体に伴う諜報能力の低下があるものとみられる。最終的には、汚職の増加を主たる理由として、二〇一三年にナサカは廃止された。

イスラーム復興の影響

ロヒンギャに対する軍事政権の脅威認識を語るとき、一九八〇年代以降の世界的なイスラーム復興の影響も欠かすことはできない。

当時国際的に孤立していたミャンマーだが、世界的に広がるイスラーム復興運動の影響と無縁ではなかった。なかでも影響が強かった宗派と団体がある。ひとつは、一九世紀後半に英領インドのウッタル・プラデーシュ州にはじまるイスラーム改革運動のデーオバンド派である。もうひとつは、同派に触発され、一九二六年に英領インドのハリヤナ県でウラマーであったモウラーナー・ムハンマド・イリヤースが創設した改革運動の団体であるタブリーギー・ジャマーアトだった。

ウラマーの権威を重んじるデーオバンド派、預言者ムハンマド時代の信仰様式に従うように信者たちに働きかけるタブリーギー・ジャマーアト。一九九〇年代に海外との行き来がよりしやすくなると、インドのイスラーム学校で、これらの宗派や団体の考えを学び、マッカへの巡礼を経験した教師たちが、特にミャンマー都市部のムスリムたちの行動様式を変えるのに重要な役割を果たした。次第にムスリムたちの脱ビルマ化が進行していく。

都市部の仏教徒たちは、そうした変化を感じとっていた。ムスリム男性が、ひげを伸ばすようになり、タキーヤ（帽子で、ミャンマー語ではバリ・オウトウッ［直訳するとモスク帽子］）をかぶり、クルタシャツを着る。ムスリム女性もヒジャーブ（髪を覆うスカーフ）を身につけることが増えていった。なかにはニカーブ（目線部を除いて全身を覆う服）を着る女性もいる。金曜午後のモスクには、礼拝のために人だかりができるようになった。イスラームの私塾も増え、犠牲祭の規模も年々拡大していく。

かつてムスリムも参加していた水祭り（ミャンマー、タイ、ラオス、カンボジアなどで開催されている毎年四月に仏教暦上の新年を祝う祭り）は、若者たちがしばしば酒を飲むため、次第にムスリムたちが敬遠するようになった。次章で詳しく扱うが、ハディース（イスラーム法典）からとられた象徴的な数字である「７８６」と書かれた看板がムスリム所有の商店で目につくようになったのも、そうした変化のひとつだ。「ムスリムらしい」とみなされる服装をし、ムスリムとして求められる生活や宗教実践を行う人たちが人目につくようになった。

こうした変化に、米国での九・一一同時多発テロ以降に拡大したムスリムに対するステレオタイプ的な見方が加わった。国軍が、国際テロのネットワークやグローバル・ジハードといった脅威に警戒を強めたのはもちろんのことだが、一般仏教徒にも、ムスリムをジハードやテロリズムに安易に結びつける偏見が生まれていった。

5　ラカイン人とロヒンギャ

ラカイン民族主義

これまでミャンマーの軍事政権とロヒンギャの関係をみてきた。だが、これだけでは重要な点が欠けている。ロヒンギャとミャンマー政府との間にあるラカイン人社会の動向である。

前章でみたように、ラカイン人はラカイン州全体では多数派である。ラカイン語（ビルマ語に近く、方言ともいえる）を話し、独自の文化を持ち、かつては王朝が存在した。民族意識も強い。特に、ムスリムが増える北部になるほど、ラカイン人は民族主義的になる。エーヤワディ・デルタに近い南部では、ビルマ人との間の距離が近いためか、その点ではややマイルドだ。そうした南北の違いをわかりやすく示すのは過去の選挙結果である。

ロヒンギャ危機が起きる前のミャンマーでは、二度、自由で公正な選挙が行われた。ひとつは一九九〇年選挙、もうひとつは二〇一五年選挙だ。両選挙ともに、ラカイン州での結果をみると、南部と北部で勝利した政党がはっきり分かれる。南部では一九九〇年選挙、二〇一五年選挙ともにアウンサンスーチーの政党であるＮＬＤが多くの議席を獲得した。一方の北部では、一九九〇年選挙でラカイン民主連盟（Rakhine Democracy League：ＲＤＬ）が議席を獲得し、二〇一五年選挙でもラカイン民族主義を打ち出すアラカン国民党（Arakan National Party：ＡＮＰ）が勝利している。ともにラカイン人主導の少数民族政党である。なお、軍事政権の管理のもとで実施された二〇一〇年総選挙ですら、北部ではラカイン民族発展党（Rakhine National Development Party：ＲＮＤＰ、のちにＲＤＬと統合してＡＮＰとして二〇一五年総選挙に参加）という民族主義政党が勝利をおさめている。

では、ラカイン民族主義とは何なのか。

ラカイン民族主義者にとって、ラカイン州の設置が独立後の重要な目標だった。独立時のラカイン地域は、少数民族の多い地域に与えられる州という行政区分ではなく、ビルマ人が多数の地域と同じ管区であった。自分たちをビルマ人とは違うと考えるラカイン人にとって、これは到底受け入れられるものではなかった。しかも、連邦制といいながら、州にも管区にも、地方議会はなく、地方政府の権限も小さい。

そのため、ラカイン人の不満は強く、急進派は独立直後から武装蜂起した。ラカイン人がこれまで組織した武装勢力の数は、ロヒンギャの武装勢力よりずっと多い。小規模なものも含めれば、二〇を超える数の武装勢力がラカインで国軍と対峙《たいじ》してきた。なかにはビルマ共産党のように、全国的な武装闘争の一部となっているケースもあるが、多くの組織はラカインの自治拡大を求めて戦う、民族主義を基礎にした武装勢力だ。

エリート・ラカイン人の間でも連邦政府への反感は強かった。ラカイン史を専門とする齋藤《さいとう》瑞枝《みずえ》によると、一九二一年にケンブリッジ大学を卒業して、植民地時代の高級官僚であるインド高等文官（Indian Civil Service）を務め、独立後に政治家に転身したラカイン人のチョーミンは、一九五七年の議会で「アラカン（ラカイン）はビルマの植民地として統治され、ビルマ人帝国主義によって支配されている」と言い切っている。

こうした不満は、同地域の開発の遅れも手伝って増幅された。序章でもみたように、ラカインはミャンマーで最も貧しい地域のひとつだ。連邦政府から軽視されてきたという被害感情が、ラカイン民族主義のひとつの構成要素になっているのである。

州設置問題は、一九七四年制定の新憲法でラカイン州が誕生し、形式的には実現した。だが、それも軍事政権下でのことである。州とは名ばかりで、実際の州政府の権限はまったくといっていいほどなかった。議会や支配政党のラカインの代表もお飾りに過ぎなかった。

このラカイン民族主義にとって、連邦政府に並ぶ敵がロヒンギャである。ロヒンギャに差別意識のあるラカイン人は少なくない。筆者がシットウェで話を聞いたラカイン人実業家は、高学歴で収入も高い人物であったが、ためらいもなく「自分はロヒンギャを同じ人間として扱ってこなかった」と言った。そのあと、「ただ、ロヒンギャは安い賃金で、仕事でミスをしたときに殴っても必死に働く。でも、ラカイン人にそんなことをしたらすぐに辞めてしまうんだ。だからロヒンギャを雇っていたんだよ」と付け加えた。他にも、ラカインの政党幹部は、ラカインにおけるムスリムの国籍問題について尋ねると、「ミャンマー人にムスリムは一人もいない。ベンガリーは不法入国者だ」と言った。

一九九〇年代にロヒンギャが注目を浴びて、国際的な同情や支援の輪が広がると、ラカイン人はさらに不満を募らせた。ロヒンギャのような不法移民が同情と支援を受けているのに対して、政府から軽視され、貧困にあえぐラカイン人にどうして同情と支援が集まらないのか、という不公平感である。こうした不満が根底にあり、ラカイン民族主義者は国際機関や人権団体にも概して批判的である。

以上を考慮すると、ラカイン州北部の紛争を、ロヒンギャとミャンマー政府の二者間の争いとしてみるのは不十分なことがわかる。事態はもっと複雑だ。多少の単純化をするにしても、ロヒンギャ、ラカイン人、ビルマ人（ミャンマー政府）、少なくともこれら三者の対立として理解する必要がある。ビルマ人やミャンマー政府に対して不満を募らせるラカイン人が、同時にロヒンギャを最も警戒し、その脅威を強調する。ラカインでの宗教対立は、少数者の間での対立でもあるのである。

ポスト軍事政権へ

本章では、北部ラカインのムスリムたちを軍事政権がいかに弾圧したかについてみてきた。前章と合わせて、ロヒンギャが置かれた無国籍という状況が、ただ国籍が無いという法的な地位の問題にとどまらず、複雑な歴史が生んだものであることがわかるだろう。

植民地支配によって生じた社会の変容、なかでも移民の流入が、ミャンマー・ナショナリズムに反移民感情という特徴を与えた。ロヒンギャを含むインド系移民、なかでもムスリムが他者あるいは敵として位置づけられていった。独立によって植民地統治が終わったことにより、インド系、中国系の市民はその後ろ盾を失った。

そこに、一九六二年からはじまった軍事政権が、排他的なナショナリズムを現実化する強権的な手段を与えたといえる。インド系や中国系市民への差別や同化主義を制度化し、土着民族中心主義を唱えた。ロヒンギャは不法移民や安全保障上の脅威とみなされたため、他のインド系の人々よりもさらに劣位に置かれていった。

この軍事政権は二〇一一年に終焉を迎え、ミャンマー政治は民主化という新たな段階へと進んだ。軍事政権の強権的な統治が緩み、社会が自由になったと思われた矢先、仏教徒とムスリムの間で紛争が勃発する。民主主義への楽観的な期待がたやすく裏切られてしまったようにみえる。次章でくわしくみてみよう。

第3章　民主化の罠――自由がもたらした宗教対立

本章は、二〇一一年から民主化が進んだミャンマーで、いかに宗教対立に火がつき、のちのロヒンギャ危機につながっていったのかを検討する。議論のポイントは、民主化したのに暴力的な紛争が起きた、という逆接ではなく、民主化したから暴力的な紛争が起きた、という順接である。

この説明は常識とは異なるかもしれない。なぜなら、民主主義とは通常、政治対立が暴力につながらないようにするための仕組みと理解されるからだ。「頭をかち割る代わりに、頭数を数える制度だ」というウィンストン・チャーチルの言葉が知られているように、民主制とは、平和的な利害調整や統治者交代のための制度という側面を持つ。

だが、すべての制度がそうであるように、想定通りには作動しないことも多い。民主化が平和をもたらすこともあれば、反対に「頭をかち割る」暴力をもたらすこともあるのだ。ミャンマーで起きたことはその一例であり、ロヒンギャ危機も、民主化の進行が直接的、間接的な原因となって引き起こされた事件である。

1　軍事政権の終焉

軍事政権下の統制

アンダース・オステルガルド監督の『ビルマVJ—消された革命』(二〇一一)というドキュメンタリー映画がある。軍事政権下で勃発した大規模な反政府デモを、政府の監視の目を避けながらビデオカメラで撮影して世界に発信するビデオ・ジャーナリストを軸にストーリーが展開する。

このドキュメンタリーが扱う二〇〇七年八月から九月にかけて起きた反政府デモは、主導した僧侶たちの袈裟《けさ》の色から「サフラン革命」と呼ばれた。デモ隊の最前線で撮影をしていた報道カメラマンの長井健司《ながいけんじ》さんが、国軍兵士による発砲の犠牲になったため、日本でも大きく報道された。

このドキュメンタリーの冒頭シーンが印象的だ。痩せた中年男性がキャップをかぶり、かばんを斜めがけにして立っている。政府施設がある敷地の門前で、プラカード大の紙を掲げる。紙に何が書いてあるのかは、不鮮明でよくわからない。役所への不満か、政府への要求といったところだろう。しばらくすると、二名の男性が彼に近づいていく。男性たちはチェックのシャツにロンジー姿（ミャンマー伝統の巻きスカートで男女ともに着用する）。現地ではいたって普通の格好である。だが、彼らは私服の警察官だ。特に乱暴なわけでなく、ひとりが男性の手から紙をとりあげてたたみ、もうひとりが男性の腕をとって、門前から引き離す。すると脇にすっと白い乗用車が止まる。警察官はドアを開けて、彼を後部座席に押し込む。男性は抵抗することなく、車は去っていく。

わずか一分ほどのシーンで派手さには欠ける。後に続くデモ隊と国軍部隊との衝突の方がずっとショッキングな映像だろう。僧侶が殴られ、デモに参加した市民に向けて国軍兵士が発砲している。だが、軍事政権下のヤンゴンで暮らしたことのある筆者には、この冒頭シーンの方が当時の日常的な不自由をとても象徴的に表現しているように思えた。政治がもたらす張り詰めた空気が感覚としてよみがえった。

たった一人の平和的な抗議活動すら許容しない当局。私服警察が騒ぎにならないように静かに抗議者を連れ去る。抗議者も逮捕を覚悟している。まわりには賛同者も仲間もいないので、騒ぎ立てても仕方がなく、黙って警察官に従う。怒声もなければ、血も流れない。しかし、暴力が行使されたあとのいやな緊張感だけが残る。連れ去られた男性はこのあとどうなるのか。観る者を不安のなかにぽつんと置き去りにする。

こうした環境が、軍事政権下のミャンマーには確かに存在した。しかし、いまは違う。社会はかなり自由になっている。ビデオ・ジャーナリストも堂々と活動ができる。

民政移管はなぜ起きたのか

ミャンマーで二〇一一年に起きた民政移管は、世界に驚きをもって受け止められた。軍事政権が主導した民政移管であったにもかかわらず、民主化が大幅に進んだからだ。民政移管とは、軍事政権から文民を主体とする政権に権力が移譲されることをいう。民政移管が起きると軍事政権ではなくなるが、だからといって民主的な政権ができるとは限らない。民政移管と民主化は厳密には異なる現象である。

そもそも、一九八八年から続く軍事政権が本当に終わるようにはみえなかった。民政移管自体は予告されてはいた。二〇〇三年に「七段階のロードマップ」が発表され、二〇〇八年二月に新憲法草案が発表されると、五月に国民投票で成立、二〇一〇年一一月に一九九〇年以来二〇年ぶりとなる総選挙が行われ、二〇一一年三月には新政権発足と、時間はかかったものの、ロードマップにしたがって、軍事政権はことを進めてきた。

しかし、どれほど軍事政権が民政移管を宣伝しても、本当の民主化のための準備と受け取る者は少なかった。前述の「サフラン革命」では、国軍の部隊がデモ隊を徹底的に鎮圧した。一〇〇名以上の犠牲者が出ている。一九八八年にデモ隊に発砲して市民の命を奪った頃と国軍は何も変わっていない、そう印象づけるには十分だった。新憲法のための信任投票も、二〇一〇年の総選挙も、軍事政権の後継となる政党（連邦団結発展党［Union Solidarity and Development

Party：USDP」）に権限を移譲する出来レースで、自由でも公正でもなかった。

民主化運動のリーダーであるアウンサンスーチーへの弾圧も続いていた。二〇〇三年五月には、自宅軟禁を解かれて地方を遊説していたスーチーの車列を暴徒が襲った（ディペイン事件）。そして、保護という名目で、軍事政権はスーチーを再び自宅軟禁下に置いた。襲われた被害者が軟禁されるという不可解な措置だった。なお、車列を襲った暴徒は軍事政権が組織したといわれている。

他にも、二〇〇九年には、アメリカ国籍の男性がスーチー宅の面する湖を対岸から泳いで渡り、彼女の家に侵入する事件が起きている。男性は心理学の論文執筆のために彼女にインタビューをしたかったとのちに証言した。スーチーがインタビューを受けることはなかったが、部外者を自宅に入れたことが政府によって罪に問われる。彼女の刑期、つまり自宅軟禁期間が延びる判決が下された。要するに軍事政権は、かなり強引な手段でスーチーの政治活動を抑え込んできたのである。

政治だけではない。経済面でも、発展するアジア諸国を尻目にミャンマー経済は停滞した。政権への市民の不満は明らかだったが、不満を強権的に抑え込むことに、軍事政権がためらいを感じているようにはみえなかった。

国際環境も軍事政権を助けるような変化が起きているようにみえた。アメリカは軍事政権に対して二〇年以上にわたり制裁で圧力をかけてきた。たとえば、二〇〇三年に制裁が強化されて以降、ミャンマーで製造された商品のアメリカへの輸出は禁止されていた。アメリカとしても、中国のように市場規模が大きければ、多少のことには目をつぶっても経済関係を結ぶメリットはあっただろう。だが、ミャンマーの市場規模は小さい。二〇〇〇年の国内総生産（GDP）は、隣国タイの一六分の一ほどだ。この小国に、民主主義や人権という「普遍的な」価値を軽視してでも経済進出するメリットはアメリカにはない。多くの先進国も対米関係を悪化させてまでかかわろうとはしなかった。そして、ミャンマーは国際的に孤立していった。戦後賠償以来一貫してミャンマー支援に積極的だった日本も、ディペイン事件とその後のスーチー再軟禁を機に、人道目的ではない直接の援助は停止せざるをえなくなった。

ミャンマーが孤立に向かい始めたころ、中国が後ろ盾として台頭する。その存在感は、二〇〇〇年代に入ると日に日に強まった。ミャンマーは貿易や外交、援助、軍事などさまざまな面で中国への依存を強めていった。同じ頃、アンダマン海上のガス田からタイへの天然ガス輸出が莫大《ばくだい》な利益を軍事政権にもたらした。一九九〇年代には財政難に苦しんだ軍事政権だったが、徴税に頼らずとも得られる財源を手にしたわけである。これでは軍事政権は簡単には終わらない。誰もがそう考えていた。

ところが、二〇一一年三月三〇日を機に、誰も予想しなかった方向にミャンマーは動き始める。

民主化の進展

二〇一一年三月三〇日、テインセインが新大統領に就任した。これは、一九九二年からこの国を統治し、独裁者といわれてきたタンシュエの引退を意味した。

軍事政権時代、タンシュエの権力は絶大だった。軍事政権の最高意思決定機関は国家平和発展評議会（SPDC、一九九七年までは国家法秩序回復評議会〔SLORC〕）という国軍幹部からなる軍事評議会である。この評議会には、立法権、執政権が集中していた。一九七四年の社会主義的な憲法は一九八八年に実質的に廃止されており、司法権は独立性をまったく欠いていた。つまり、SPDCの決定をチェックする機関や、抑制する体制がないのである。

このSPDCの議長の地位に二〇年近く留まったのがタンシュエであった。さらに、タンシュエは国軍最高司令官も兼任していた。その人物が二〇一一年に最高権力者の座から降りたのである。高齢ではあったが、引退の真の理由についてはいまだにわかっていない。

テインセイン大統領
AP/アフロ

では、どのように軍事政権は終わり、どうして新大統領であるテインセインは改革を進めることができたのか。理由は多岐にわたるが、ここでは四つに絞って説明しよう。

第一に、軍事政権は正統性に大きな問題を抱えていた。前章でも言及したように、軍事政権は当初、民主化を約束したものの、その約束を守らないまま、なし崩しで暫定的な統治を続けていた。暫定政権を続ける限り、常に内外からの批判を覚悟しなければならなかった。民政移管なしでは政権の正統性が認められない状況だったのだ。

第二に、二〇〇八年に成立した新憲法（以下、二〇〇八年憲法）では、国軍の独立性や強い権限が保障されていた。憲法改正にも国軍に実質的な拒否権があるため、仮に選挙で国軍が望む政党が政権をとれなくても、憲法上の国軍の独立性や権限を維持することができる。要するに、国軍が望むかたちでの民政移管だったのである。

第三に、新大統領であるテインセインが改革に積極的だった。テインセインは元軍人であるが、上から命令を下して組織を動かすタイプの指導者ではなかった。自身に改革のアイデアがないと、人の話に耳を貸した。これはタンシュエにはない態度だった。耳を貸す相手には多くの文民が含まれていた。大統領顧問に任命された人々の多くは、アウンサンスーチーら民主化勢力とは一線を画し、現実的な改革を目指してきた第三勢力と呼ばれる知識人や実業家たちである。彼らの助言をテインセインが聞き入れて、アウンサンスーチーとの和解や、経済改革、社会の自由化、対米関係の改善などが実現していった。

そして最後に、アメリカが対ミャンマー政策を変えたことである。アメリカのミャンマー政策は、明らかに行き詰まっていた。強い制裁にもかかわらず、政権は一向に倒れる様子がなかった。そればかりか、経済制裁は雇用の喪失などで一般市民に与える打撃の方が大きいと批判されていた。しかし、アウンサンスーチーの動向に左右されがちだったアメリカのミャンマー政策は、彼女への弾圧が続く限り、転換が難しかった。それが二〇〇九年、バラク・オバマ政権が誕生すると風向きが変わる。

二〇一〇年から本格化した外交方針である「アジア回帰」（Asia Pivot）のもと、アメリカはミャンマーの民政移管を後押しすることで、東南アジアでの中国の影響力を抑制する効果を期待した。

スーチーが二〇〇八年憲法を受け入れ、二〇一二年四月の補欠選挙で当選したあとは、スムースに両政府の関係改善が進んだ。二〇一二年一一月にはオバマがアメリカ大統領としてはじめてミャンマーを訪問し、実質的にアメリカによるすべての対ミャンマー制裁が解除された。アメリカとの関係改善が青信号となって、ヨーロッパ諸国や日本との関係も緊密化していった。

拡大する自由

こうして、制度、人、国際環境が、偶然も重なりながらうまく嚙《か》み合って、ミャンマーは変わった。国軍は依然として政治権力を保持し、いわゆる民主主義の国になったわけではないが、少なくとも国軍が政治の中心に陣取ることはなくなった。民主化運動は平和的な手段であれば、国家の脅威ではなくなった。政府に批判的な勢力への監視と弾圧もずっと弱まった。

なかでも、市民の自由が拡大するペースは驚きですらあった。市民の自由には、いくつかの種類がある。結社、表現、思想・信条、信教、居住、職業選択、そういったものだ。ここでは表現の自由を例に、どのように自由化が進んだのかみてみよう。

二〇〇八年憲法の第三五四条（a）には、「信条と意見を自由に表現、出版する」自由が明記されている。これは、軍事政権時代には認められていなかったものだ。もちろん、すべての自由権がそうであるように、留保はつく。「連邦の安全に関する法、法と秩序、共同体の平和と安寧あるいは公的な秩序と道徳に反しない」限りでの自由だった。

この留保を拡大解釈すればいかようにでも制限を加えられるが、テインセイン政権は、言論統制の緩和を進めた。その方法は主に二つである。ひとつは検閲の廃止。もうひとつは民間企業によるメディア産業への参入許可だった。

わかりやすい事例は新聞だろう。二〇一三年四月から、それまで国営紙四紙（ビルマ語三紙、英字一紙）しか認められなかった日刊紙の発行ライセンスが民間企業や民間団体にも認められた。その結果、二〇の新しい民間紙が発行された。一九六四年のメディアの国有化以来、新聞にいっさいの民間参入が認められてこなかったので、これは大きな変化だった。

街角のニューススタンドには、色とりどりの新聞が並んだ。二〇一二年一月にNLDが政党登録をしたあとは、スーチーの写真を一面に掲載した新聞、週刊誌が目に付くようになった。軍事政権時代にはありえなかった光景である。かつては彼女の写真を所持していただけで警察が尋問する時代だった。国営紙は今もあるが、民間参入以後、紙の質が上がり、一面がカラー刷りになるなど、市場の競争原理が働いていることが目に見えてわかった。

他にも、亡命ビルマ人によるメディアがミャンマーに戻ったことは画期的だった。タイのチェンマイを拠点に一九九〇年から月刊誌を発行してきた『イラワディ』(*The Irrawaddy*)、インドのニューデリーで一九九七年に開設されて、同じく月刊誌を発行し、オンラインでもニュースを配信してきた『ミッジーマ』(*Mizzima*)、ノルウェーのオスロから衛星放送テレビで番組を流していた『民主ビルマの声』(*Democratic Voice of Burma*)などである。いずれも、海外に亡命した活動家たちが、ミャンマーの政治、経済、外交などのニュースを発信する媒体だった。情報統制の厳しい国内の報道よりもよほど信頼できる情報が掲載・放映されていた。テインセイン政権下で亡命ビルマ人の帰国が認められると、こうしたメディアのミャンマー国内での活動が可能になり、次々とヤンゴンに事務所を開設した。

メディア産業の自由化と並行して、インターネットの普及も進んだ。その原動力はスマートフォン利用者の拡大であった。二〇一二年、通信事業への民間参入が認められ、かつて一部公務員や富裕層の特権だった携帯電話（ＳＩＭカード付きで二〇万円程度した）が、一般市民でも十分に手が届くようになった。二〇〇円ほどのＳＩＭカードと、輸入の自由化で流れ込んだ安価なスマートフォンで、五〇〇〇円も払わずにインターネットにアクセスできるようになったのである。結果、爆発的な勢いでネット利用者が増えていく。

図表3－1　100人あたり携帯電話加入数の推移

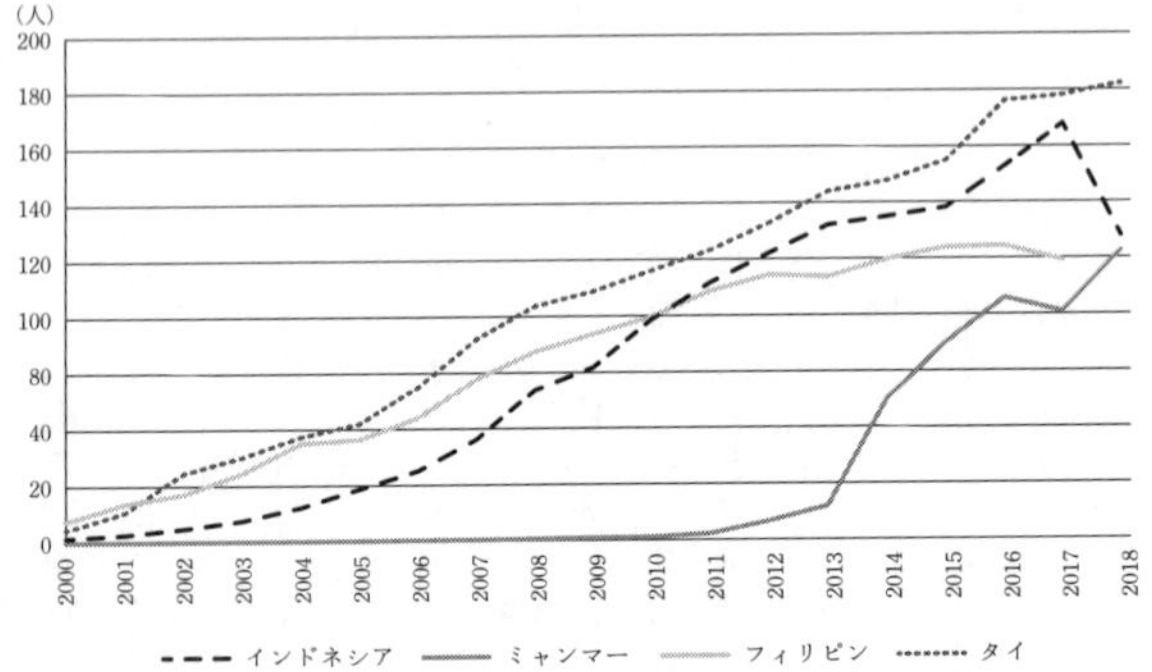

（出所）World Bank Development Indicatorsより作成

図表3－1は、二〇〇〇年から二〇一八年までの携帯電話の加入率をタイ、インドネシア、フィリピン、ミャンマーで比較したものだ。二〇一三年からミャンマーの加入率が他の国々に急速に追いついていったことがわかる。対照的に、ミャンマーの有線ブロードバンドの普及率は、一〇〇人あたり〇・二人（二〇一八年）と低水準にとどまっている（世界銀行のデータ）。これは、ミャンマーのインターネット利用者の増加が、スマートフォンの普及にもっぱら頼ってきたことを意味する。

スマートフォンの普及とインターネット利用者の急増は、表現の自由を質的に変えた。ただの媒体の多様化ではなかった。新しい言論空間の登場だったからだ。町の喫茶店ですら政府批判をできなかった人々に、ソーシャルメディアという表現の場がいきなり与えられたのである。なお、ミャンマーで最も影響力があるソーシャルメディアは、フェイスブックである。二〇二〇年一月時点でソーシャルメディア利用者数は約二二〇〇万人（推計）で、全人口の四〇％を超えている。そのほぼすべてがフェイスブックのユーザーだと考えてよい。

情報インフラの整備は地方にも広がった。ラカイン北部も例外ではなかったが、ヤンゴンとの違いを挙げるなら、ロヒンギャには、世界最大のメッセージアプリであるワッツアップ（WhatsApp）の利用者が多い。このワッツアップによって、ロヒンギャと東南アジア、南アジア、中東のムスリムたちとの情報交換や交流が加速したといわれている。民政移管があったとはいえ、依然として不自由で、移動の自由も制限されていたロヒンギャだったが、サイバースペースでは自由が広がった。

以上のような自由の拡大が、ミャンマー社会にもたらしたよい効果は数え切れない。情報の流通速度が上がって、企業の生産性が向上し、人々の消費行動が促進された。若者の文化活動はフェイスブックやＹｏｕＴｕｂｅで共有される。海外に出稼ぎしている家族（ミャンマーからの海外出稼ぎ労働者は三〇〇万人以上）とのインターネットでの通話もずっとしやすくなった。誰もが自らの主張を事前検閲なしで表明できる。実際、二〇一五年の総選挙でＮＬＤが勝利した背景には、ソーシャルメディアが支持者たちの連帯を可能にしたことがある。また、開票状況の情報共有が容易になって選挙の透明性を高める役割も果たした。

しかし、その一方で民主化の進展は暴力を生んだ。コミュナル紛争の勃発である。

2　民主主義のダークサイド

どうして民主化が暴力につながるのか

民主化が暴力を生む理由を簡単に説明しておきたい。この後に続く議論を理解する助けになるはずだ。

歴史社会学者のマイケル・マンは著書『民主主義のダークサイド――民族浄化を説明する』(*The Dark Side of Democracy : Explaining Ethnic Cleansing*)のなかで、民主主義が少数者の暴力的排除につながる論理を以下のように説明する。

民主主義の根幹は、人々による統治である。しかし、この「人々」には二つの意味がある。ひとつは普通の人々、すなわち大衆である。「人々」が大衆であれば、民族的な多様性は問題にならない。その一方で「人々」が民族を意味することがある。民族とは、共通の文化や伝統を引き継いでいると感じている人の集団だ。民主主義を動かす「人々」が、民族と同じ意味で定義されたとき、民主主義は特定の民族が支配するという「理想」の実現を目指す運動になることがある。また、民主主義の原則である多数決主義は、主要民族を代表する人々に国家権力を握る機会を与えやすい。そうして最悪の場合、少数民族の排除、すなわち民族浄化が起きるのである。

途上国では、民族の政治的な重要性が先進国よりさらに高まる。この点は政治学者アンドレアス・ウィマーの著書『戦争の波』（*Waves of War*）の説明が説得的だろう。

ウィマーによると、政治指導者が民族的なつながりに頼るのは、国家の能力が限定的で、市民に公共財（皆が使う公共的なもの、たとえば電気、水、道路、学校など）を平等に提供できないときである。国家権力の争奪戦がより激しくなり、そうした状況では、集団内の連帯感を生み出す民族同胞への訴えかけが、共感、支持、協力を引き出すことを容易にさせる。

この民族への訴えかけがやっかいなのは、主張の内容が過激な方向にエスカレートしやすいからだ。指導者Aが民族主義的な発言で人気を博したら、それを真似《まね》する指導者Bが現れる。しかし、ただコピーしただけの主張では競争に勝てない。そのため、指導者Bはより過激な主張をするようになる。支持獲得競争が過激化を煽《あお》るのである。選挙で敗れて政治家生命を絶たれるくらいなら、と過激化を選択する者がいてもおかしくない。こうした過激化の競争という現象を、政治学者のアルビン・ラブシュカとケネス・シェプスルは「競り上げ」（outbidding）と呼んだ。

こうした競争も、国家が中立的で能力があれば暴力につながることを抑止できるだろう。だが、途上国の国家は概して中立性に欠け、しかも弱い。また、民主化直後は、権威的に秩序を維持してきた国家が市民からの批判を恐れて治安機構の動員をためらったり、制度の大幅な変更で混乱が生じたりするため、紛争が広がりやすいのである。

このようにみてくると、本章冒頭で触れたチャーチルの「頭をかち割る代わりに、頭数を数える制度だ」という民主主義の定義に、もうひとつ文章を付け加える必要があるだろう。「頭数を数えていると頭をかち割られるときもあるから気をつけろ」と。

二〇一二年のコミュナル紛争

ミャンマーでも民政移管から一年ほどで暴力が広がった。図式的にみれば、仏教徒とムスリムとの間のコミュナル紛争だった。

コミュナル紛争とは、民族や宗教を異にする共同体（コミュニティ）間の暴力的な衝突を意味する。英語では定着している言葉だが、定まった日本語訳がないので、ここではコミュナル紛争としておこう。

発端は、二〇一二年五月にラカイン州中部のラムリーで起きたラカイン人女性に対するロヒンギャ男性の集団暴行事件だった。

五月二八日、あるラカイン人の若い女性が仕事を終えて、自分の村に帰っていた。その途中、男性の集団が彼女を襲う。暴行を受け、所持品を奪われ、最終的に殺害された。直後から女性の遺体の写真がインターネットで出回った。まわりまわって、当時インターネットとは無縁だった現場近くの村の人々の目にも触れた。警察は、翌日に三人のロヒンギャ男性を拘束している。この容疑者拘束の情報を耳にしたラカイン人の群衆が、警察署をとり囲み、容疑者の三人を引き渡すように迫った。群衆は彼らに直接罰を与えるつもりだったのだろう。こうした事態をすでに想定していたのか、警察は拘束した日のうちに容疑者を別の場所に移送しており、その場はおさまった。

ここまでであればひとつの刑事事件である。コミュナル紛争に発展するには、拡大のきっかけが必要だった。六月三日、ラカイン州南部のタンドゥエからヤンゴンに向かう貸し切りバスが、ラムリーの東にある町タウンゴウッのバスターミナルに到着した。そのバスを約三〇〇人の仏教徒が取り囲んだ。乗客は国内を巡礼中のロヒンギャであった。彼らとレイプ事件にはなんのつながりもない。群衆とレイプ事件の当事者とも直接の関係はない。群衆は乗客をバスから降ろして暴行を加えた。一〇人が撲殺され、ロヒンギャと勘違いされた仏教徒一人も犠牲になっている。六月五日には、ヤンゴンのモスク前で、バス襲撃事件の犠牲者を追悼する集会が開かれるなど、宗教間の緊張がエスカレートする不穏な動きがあった。そのため、政府は翌六日に、事件の調査委員会を設置すると発表した。軍事政権時代、宗教間の対立に政府がこれほど迅速に対応したことはない。情報を秘匿して危機を管理するという手法が、もう過去のものになったことを物語る。

だが、この程度の対応では紛争を抑止できなかった。六月七日、八日、マウンドーとブーティダウンでラカイン人とロヒンギャの衝突が起きている。マウンドー郡では、金曜日の礼拝のあとに、ロヒンギャの集団がモスクを起点に徒党を組んで町のラカイン人を襲った。家屋や商店、宗教施設も破壊された。七日で少なくとも七人が死亡し、五〇〇以上の家屋が破壊された。九日には州都のシットウェにも飛び火した。

一〇日には、ラカイン州の複数の郡で、夜間外出禁止令が発令された。また、州全体に非常事態宣言が発動されている。これは新憲法下では初の非常事態宣言であった。同法にしたがって国軍が現地の治安維持に乗り出した。さらに同日、大統領は国民向けに声明を発した。ミャンマーには多様な信仰があり、憲法で表現の自由、結社の自由、信教の自由といった基本権が保障されている。お互いの尊重が必要である。現在の不安定な状況が拡大、拡散しないように、政府が責任を持って対応する。声明はそういう内容で、決してムスリムへの攻撃を煽るものではなかった。その一方で、国営メディアがムスリムを含むインド系、ベンガル系の人々への蔑称「カラー」を使用するなど、対応のちぐはぐさも目立った。

結局、事態はおさまらず、ラカイン全土に紛争が拡大。八月には再び、ロヒンギャの村、ラカインの村、双方をそれぞれの群衆が襲い、家屋などが破壊された。一〇月にも、ラカイン州の七つの郡で衝突が発生している。政府によると、六月の第一波、八月からの第二波で、合わせて一九二人が犠牲になり、八六〇〇の家屋が破壊されたという。宗教施設では、三二のモスクと二二の仏教僧院が破壊された。逮捕者は一一二一人にのぼり、そのうち八四九人はロヒンギャ、二三三人がラカイン人だった。

二〇一三年になると、ラカイン州以外にも紛争が拡散していく。ラカイン州北部以外ではムスリムはまったくの少数派であるため、そうした地域での紛争は、仏教徒によるムスリムへの一方的な攻撃になりがちであった。

まず、二月にヤンゴン郊外のムスリム学校が数百の仏教徒によって襲撃された。学校がモスクに建て替わるというデマが原因だった。三月には、ミャンマー中部から南部にも広がった。なかでも大きな衝突が起きたのは、マンダレー管区の中都市メッティーラであった。

メッティーラでの衝突

紛争の発端をたどると、ささいな諍《いさか》いであることが多いが、メッティーラでの衝突もそうだった。

町の市場近くにムスリムが所有する貴金属店がある。近くの村からその貴金属店を訪れたビルマ人仏教徒の女性がいた。紙幣の価値が不安定なミャンマーでは、農民が現金を金のような貴金属に替えて貯蓄することが多い。そのため、町の貴金属店は農民に身近な存在だ。金の髪飾りを買い取ってもらうために、その村人は店を訪れた。

しかし、店の女性店員（ムスリム）は買い取りを拒否した（価格が折り合わなかったという話もある）。いったん村に帰った女性だが、納得がいかず夫と僧侶とともに店に不満を伝えるために戻った。店内で村人と店員が口論となり、つかみ合いの喧嘩《けんか》に発展した。通報を受けた警察が駆けつけ、喧嘩を止め、店員と女性を連行した。

衝突のきっかけとなった貴金属店
（2013年8月撮影）

これで事態はおさまったかにみえた。だが、貴金属店の店員が仏教徒女性に暴力を振るったという噂を聞きつけた仏教徒たちが（実際に暴力が振るわれたかは不明）、群衆となって店に押し寄せるという騒ぎになった。群衆は店を破壊し、さらにその破壊行為は周辺のムスリムの店にも及んだ。

直後、ムスリムの若者たちがモスクに集まっていた。事件について話をするためだったのだろう。そのモスク前を、ある仏教僧がたまたまバイクで通りがかると、若者たちはその僧を捕らえて、リンチの末に殺害してしまう。青年たちも殺された僧侶も、貴金属店の事件とは直接関係がない。このあと、仏教徒の群衆によるムスリム居住地域やモスクの破壊が三日間続いた。一三あったメッティーラのモスクの一二が破壊されてしまう。一五〇〇の家屋も焼失した。

中国と国境を接するカチン州でも、二〇一三年五月にムスリム所有の商店や住宅が襲われる事件が発生した。同じく中国と国境を接するシャン州でも、ムスリム男性の仏教徒女性への傷害事件をきっかけに群衆がモスクを燃やす事件が起きた。その後も、対立の火は消えず、六月、七月、一〇月に再びラカイン州で両者の衝突があり、いったんおさまったあと、二〇一四年七月になって、今度は第二の都市マンダレーで、仏教徒女性がムスリムにレイプされたという情報が引き金となり、暴徒が二名のムスリム男性を殺害した。

最終的に二〇一二年から二〇一三年にかけて二〇〇人を超える人々が犠牲になり、約一四万人の国内避難民（IDP）が発生した。

紛争が深刻だったラカインやメッティーラでは、ムスリムのための居住区や国内避難民のためのキャンプがつくられ、仏教徒とムスリムの生活圏が分かれることになった。コミュナル紛争の爪痕が目に見えて人々（特にムスリム）の暮らしを変えたのである。筆者がシットウェを訪れた二〇一四年にはムスリム居住区が警察によって警備され、親戚や支援関係者以外の立ち入りには当局の許可が必要だった。またムスリム居住区の住人も外出の機会が制限されていた。

紛争が拡大した理由

二〇一二年のコミュナル紛争は、ラカイン州でのラカイン人とロヒンギャとの衝突からはじまった。その後、先に記したメッティーラやマンダレー、そしてヤンゴンで紛争に巻き込まれたムスリムはロヒンギャではない。多くは植民地期に英領インドのベンガル地方以外から移住してきた人々の子孫である。彼らとぶつかった仏教徒もラカイン人ではなく、ビルマ人が多かった。したがって、この時期のコミュナル紛争は、ラカインでの局地的な紛争を超えた全国的な宗教対立の表面化であったといえる。

では、どうしてこのタイミングで紛争が起きたのだろうか。仏教徒とムスリムとの間の緊張や衝突はミャンマーでは珍しいことではないが、これほど広範囲に紛争が広がることはなかった。以下の三つの理由が考えられるだろう。

第一に、民主化が進んで集団での運動や動員が可能になった。軍事政権時代は、どういった目的であれ、集会は厳しく当局に監視されるか、規制の対象になっていた。宗教上の礼拝は行われていたものの、政府の認めない社会運動、政治集会は開催できなかった。それは反イスラームでも、反仏教でも同じだ。

この統治手法が民政移管で変わる。人が集まるのを当局が禁止したり、介入したりすることは基本的になくなった。そのため、社会不安の暴力への転化を抑え込むことが難しくなっていた。いくら武器を所持した国軍の部隊だといっても、暴徒化した集団間の対立の鎮静化には苦労する。ラカイン州に非常事態宣言を出したあと、国軍の部隊が治安維持にあたったが、それが追いつかないスピードで暴力の連鎖反応が起きた。

第二に、新旧メディアの影響による反イスラーム感情の拡散である。すでに触れたように、最初のラカインのレイプ事件では、直後から女性の遺体の写真がインターネット上に出回った。拡散した写真には反イスラーム的なメッセージも付されていたという。のちに容疑者の顔写真と名前も流出している。この時期はまだ検閲のあった時代で、国営紙はこの事件に触れていない。だが、新聞や雑誌メディアが発信する前に、すでにインターネットで情報が流れていた。それを一部の雑誌が後追いした。多くの報道は、被害者が仏教徒であるラカイン人の女性であり、加害者がロヒンギャ男性（実際に使用された言葉は「ベンガリー」）だと強調した。他にも、マンダレーでの衝突の原因は仏教徒女性に対するムスリムのレイプ事件の情報であった。この情報はのちにデマだったことが判明しているが、著名人のブログに掲載されたことで情報が拡散した。

第三の理由は、治安維持に必要な政府の中立性が担保されていないことである。なかでもラカイン州では、仏教徒であるラカイン人にもロヒンギャにも、政府への強い不信感がある。前章でみたように、ラカイン州の主要民族であるラカイン人はロヒンギャだけでなく、ビルマ人にも強い対抗意識がある。彼らにとって政府や国軍はビルマ人の組織であって、必ずしも中立的な組織とは認識されていない。ロヒンギャにとっては、政府はさらに縁遠く、彼らの生活をこれまでも脅かしてきた存在でしかない。そのため、政府や国軍による介入が事態の鎮静化をすぐにはもたらさなかったのである。

3　自由の代償

969とマバタ

コミュナル紛争の背景には、反イスラーム感情に支えられた仏教ナショナリズムの台頭があった。以下では、反イスラーム色の強い団体による立法活動と、政治僧と呼ばれる仏教僧の言

969のシンボルマーク

説を参照しながら、仏教ナショナリズム台頭の具体的な相貌をみていこう。

　民政移管後に969という運動がヤンゴンを中心に広がった。この運動は、ムスリムが所有する商店や販売する製品、サービスの不買を訴えるものだ。969とは仏教上の三宝である仏・法・僧それぞれの、仏の九徳《きゅうとく》（仏陀《ぶっだ》が具《そな》えた九つの徳）、法の六《りく》徳《とく》（仏法が具える六つの徳）、僧の九徳（僧侶が具える九つの徳）からとられた運動のシンボルとなる数字である。

　969という数字よりも先にあったのは、ムスリムが所有する商店の壁などによく飾られている786という数字である。イスラーム教の聖典であるクルアーンの最初の一節「慈悲あまねく慈悲深きアッラーの御名《みな》において」を数字に置き換えた象徴で、まじないにも使われる。このことを多くの仏教徒は知らない。知らないだけにとどまらず、誤った解釈がなされている。

　筆者が複数のビルマ人仏教徒から聞いたのは、七と八と六を足せば二一になり、これは二一世紀にムスリムが世界を征服する目標を示したものだ、という典型的な陰謀論である。この786に対抗して仏教的な由来の数字を三つ並べたのが969だった。したがって、ただの語呂合わせではなく、宗教的な対抗関係、とりわけ仏教を護るというメッセージが含まれているのである。

右に示した969のシンボルマークは、仏教にまつわる象徴の詰め合わせだ。仏教旗を背景にして、パーリ語経典である「発趣論《ほっしゅろん》」（ビルマ語で「パッタン」）で説かれる二四の縁を示す図柄、そして、アショーカ王の獅子柱頭（紀元前のインドに存在したマウリヤ朝のアショーカ王は仏法による統治で知られる）とともにビルマ数字で969と記されている。

仏教僧侶のなかにも反イスラーム的な運動を展開する人々が現れた。

ミャンマーで仏教（日本や中国で多い大乗仏教と区別して、上座部仏教と呼ばれる）は社会に根深く浸透している。その社会との深い関係は、日本人が想像する仏教や僧侶とはずいぶんと異なる。若年の僧侶である見習僧や一時的な出家者を含めれば、国内には三〇万人を超える僧侶がいる。これは男性の一〇〇人に一人以上が出家状態にある計算だ。彼らは経済活動に直接かかわらず、もっぱら信者からの寄進を生活の糧にしている。決して豊かではないミャンマーで、これだけの僧侶が修行に専念して生きているという事実は、僧侶たちがいかに人々から尊敬と寄進を集めているかを示すだろう。僧侶と信者との会話では言葉遣いが変わり、僧侶にはアシンパヤー（尊者）と常に敬意を示し、自身のことはダビードー（弟子）とへりくだる。少しでもミャンマーで生活をすれば、僧侶を目にせずに一日を終えることは難しく、その多さと社会的な影響力を実感する。

僧侶たちは、世俗とは距離を置き、二二七の戒律を守りながら修行に励む。僧侶は人ではない。したがって、僧侶は一人、二人といった「人」（ビルマ語でヤウッ）で数えず、敬意を込めて「バー」という言葉を使う。同じ敷地内にあっても、僧侶が生活する僧院と俗人である信者が参拝するパゴダ（仏塔）は、質の異なる空間だと認識されている。

政治は究極の世事、俗人の世界であり、僧侶は政治にかかわるべきではないという考え方は、ミャンマーにも根強くある。しかし、歴史をみると政治活動や言論活動の担い手として僧侶は常に目立つ存在だった。その僧侶たちによる政治的な言論活動や社会運動が二〇一一年以降に活発化した。なかでも反イスラーム的な運動は、仏教僧を中心にして結成された「民族宗教保護協会」が中心となる担い手であった。ビルマ語の組織名の略称で「マバタ」と呼ばれることが多い。

マバタは、二〇一三年六月二七日にヤンゴンの北、インセイン郡にあるアウンサントーヤ・タッウー僧院で結成された。集会に出家在家合わせて一五三〇人が出席し、設立が宣言された。インセイン・ユワマ僧院の住職ティローカビウンタ師が会長に就任した。

僧侶が幹部をつとめるものの、マバタは宗派ではない。僧侶と在家信者による仏教保護を目的とした協会である。しかしながら、活動内容は一般的な布教や教学にとどまらなかった。ムスリムを脅威であると認識し、969運動のような不買運動も推進しつつ、さらに政府に仏教保護のための立法を働きかけた。

民族・宗教保護のための四法

ここでマバタが求めた法律についてみてみる。最終的に「民族・宗教保護のための四法」と呼ばれたものである。

マバタが当初起草したのは、宗教登録法とミャンマー仏教徒女性婚姻緊急法のふたつだった。まとめて民族宗教保護法と彼らは呼んだ。前者は、改宗に際して本人の意志かどうかを政府が審査する仕組みをつくることを目的とし、後者は、仏教徒女性と結婚できる者を仏教徒男性に限定する法案であった。

最終的には以下の四つの法律が連邦議会で成立している。

①改宗関連法（二〇一五年八月二六日成立）
②人口増加抑制に関する健康管理のための法律（二〇一五年五月一九日成立）
③ミャンマー仏教徒女性特別婚姻法（二〇一五年八月二六日成立）
④一夫一婦制励行法（二〇一五年八月二六日成立）

①は、他宗教への改宗時に政府への申請を義務付けるものである。改宗を望む者は、居住する地区に設置される登録委員会（地方行政担当の公務員と地域住民代表で構成）に申請し、認可がおりてはじめて改宗できる。

②は、女性の出産間隔を三六ヵ月と定めるものである。法律名にもあるように、人口抑制を目的とする。草案でマバタが意図したのはムスリムの人口抑制であったが、憲法上の平等原則に抵触するため、特定宗教の女性を対象としたものではなくなっている。なお、違反した場合の罰則規定は含まれていない。

③は、これら四法の核となる法律だ。仏教徒女性と非仏教徒男性との婚姻には郡役所に事前許可を申請し、一四日間の公示期間中に異議申し立てがなかった場合にのみ婚姻が許される。また、夫は妻と子供の仏教徒としての信仰を尊重しなければならず、信仰を捨てさせたり、仏教を侮辱したりする言動があった場合は、離婚理由となるうえに最長三年の懲役あるいは罰金が課せられる。さらに、非仏教徒女性の妻が仏教に改宗したことを理由に離婚する場合、子供の親権は女性が持つと定められた。なお、マバタの当初案にあった仏教徒女性の結婚相手を仏教徒だけに限定するという内容は、憲法の国民の平等原則に抵触する可能性があるとして関係省による起草段階で削除された。

④は、法律名の通り、一夫一婦制のみを合法的な婚姻形態とし、二人以上の配偶者を持つこと、また、配偶者ではない未婚のパートナーとともに暮らすことを犯罪行為（七年以下の懲役）と定めるものである。配偶者以外との新たな結婚は当然認められず、いわゆる不倫関係も犯罪行為と規定した。

なお、途上国の行政では珍しくないが、法律が議会を通っても、それが実施されるかどうかは別の話である。法律の施行には細則が必要で、現場職員のためにマニュアルもつくらなければならない。こうした作業が頓挫して、実際に運用されない法律が多くある。

この四法も、法案通過時には仏教ナショナリズムの台頭を表す例としてずいぶんと話題になったが、実際に運用された形跡は乏しく、社会への影響はいまのところ限定的である。一夫一婦制を定めた法律違反で検挙された事件はわずかにあるが、そのすべてが仏教徒夫婦間での夫の不倫に対する妻の告発を発端にするものだという。つまり、マバタが目論《もくろ》んだムスリムの摘発にはつながっていない。とはいえ、異なる宗教を信仰する者同士の婚姻を阻害する法的な仕組みがあることが社会の萎縮効果を生む可能性は否定できない。

もう一点補足しておくと、同法にミャンマーの仏教徒の誰もが賛成したわけではない。同法案の成立過程を仔細《しさい》に考察した土佐桂子《とさけいこ》の研究によれば、成立までの過程で国内外の人権団体、女性団体から反対の声が上がり、当時野党だったスーチーも反対の立場だった。マバタに対しても、サンガ（僧侶の集団）の長老たちは設立当初からその活動を警戒していた。サンガの最高機関である国家サンガ大長老会議は、二〇一三年の後半に、９６９運動を禁止する通達を出し、二〇一七年五月にその名称の使用も禁じた（そのため現在は「仏・法・慈善財団」に名称が変更されている）。

ただし、マバタも９６９運動も、反イスラーム感情を背景に一部僧侶と在家信者によるネットワークが生んだ運動体であって、統合された組織活動ではない。もはやかつてほどの勢いは

ウィラトゥ師が表紙を飾った『タイム』

ないが、その活動は今後も続くとみられる。

右翼僧の役割

言論の自由が拡大したことは、僧侶の説法活動にも影響を及ぼした。

反イスラーム的な言説をふりまく説教師が登場する。内外で最も名が知られているのは、マソーイェイン新僧院に属する僧侶であるウィラトゥ師だろう。

ウィラトゥ師はミャンマー中部の町であるチャウセーで一九六八年に生まれた。一四歳のときに出家している。ウィラトゥ師が、イスラームを脅威とみなす説教をはじめたのは二〇〇一年、三〇代前半の頃だ。その二年後、故郷チャウセーで仏教徒とムスリムとの間で衝突が起きた。衝突前に反イスラーム感情を煽る冊子を配布していたとして当局に逮捕された。サンガから還俗《げんぞく》を命ぜられ、懲役二五年の判決を受けて投獄されている。

当時の軍事政権は仏教を優遇してはいたが、最優先事項は治安の安定だった。そのため、僧侶であっても治安を乱すことを政府が容認することはなく、反政府運動に参加した反政府活動家も反イスラーム感情を煽った僧侶も同じように警戒の対象だった。軍事政権の意にそぐわない僧侶が投獄されることも珍しくなかった。

そのウィラトゥ師が二〇一二年一月に自由の身になる。当時、政治犯に対する恩赦が毎月のように出ていた。アメリカが示した制裁見直しの条件を満たすべくテインセイン政権が進めた民主化の一環であった。

九年の獄中生活を経て釈放されたウィラトゥ師は、またすぐに反イスラーム的な説法をはじめた。過激な発言が人気を博し、９６９運動やマバタの広告塔になる。仏教に平和的なイメージをもつ欧米メディアにとって、ウィラトゥ師は特異な存在だったため、その言動に注目が集まった。二〇一三年七月発行のアメリカの雑誌『タイム』（*TIME*）誌には「仏教徒テロの顔」（The Face of Buddhist Terror）の文字とともにウィラトゥ師の顔写真が表紙に採用された。

では、彼はどういった説教をしていたのか。二〇一三年初頭の説教の一部を抜粋する。

（ムスリムには）多くのカネがある。でもそのカネの山がどこにあるのかわからない。そのカネで若いミャンマー人女を手に入れるのだ。そのカネを見せて女たちの気をひく……そのカネは仏教徒のミャンマー人女を得るために使われて、そのあとすぐに女たちは脅され、強制的にイスラームに改宗させられてしまう……そして、女たちから生まれた子供はベンガル人ムスリム（ロヒンギャの意）になって、我々の仏教国家に最大の危険をもたらす。つまり、彼らは我々の民族と宗教を最終的には破壊するのだ。いったん彼らの人口が過剰に増えると、我々を圧倒し、我々の国を乗っ取って邪悪なムスリムの国へと変えてしまうだろう。

ストレートかつ攻撃的な表現で、字にすると僧侶の説法とはにわかには信じがたい。まるで排外主義者の演説のようだ。だが、実際の説法を聞くと、印象は少し違う。決して型破りなスタイルではなく、ミャンマーの僧侶の一般的なスタイルそのまま、大変ゆっくりと穏やかな口調で、ときに聴衆との問答もはさんで朗々と語られる。内容は、ミャンマーでは定番ともいえる陰謀論の焼き直しだが、僧侶が語ることで権威が与えられる。

同じ説法でウィラトゥ師は、ムスリムの影響力がすでにスーチーにも及んでいるとも説く。曰《いわ》く、海外から帰ってくる度にスーチーはムスリムの運転する車に乗っている。マンダレーに来たときも同じ車だった。すでにムスリムたちは彼女を取り囲んでいるのだ。世界最高のサッカー選手であるクリスティアーノ・ロナウドでも、四人、五人とディフェンダーのマークがつけば自由に動けない。同じことがスーチーに起きているのだ。

もちろん、この主張にはまったく根拠がない。ドライバーがムスリムだったとしても、NLDに限らずミャンマーの政界でムスリムは極端に少数だ。だが、ウィラトゥ師によると、「ナショナリストとしての目」(アミョーダー・メッシー)、「ナショナリストとしての考え」(アミョーダー・アミン)でみれば、こうしたムスリムの暗躍がわかるのだという。

ウィラトゥ師の説法には他にも、モスクは敵の建物なのでモスクの破壊は敵の破壊を意味し悪業ではない、といったムスリムに対する攻撃を容認するような説教すらある。さらに、自身の発言がムスリムの人権を尊重していないと指摘されれば、人権を無視するのはむしろイスラームの信仰であり、ムスリム自身だと反論する。こうした説法は、ＶＣＤ（ビデオＣＤ）やソーシャル・メディアなどを通じて拡散した。

背後にあるもの

９６９運動、マバタ、ウィラトゥ師、それらに共通するのは、危機感と愛国心、そしてムスリムの陰謀である。ムスリムはミャンマーの民族と仏教を危機に陥れる脅威であり、彼らは金を背景に、仏教徒女性を娶ることで、子供を増やして人口を増大させ、ミャンマーをムスリムの国にする計画があるので、それをなんとしてでも防がなければならない、という考え方だ。

また、彼らの語りからは、いくつかのものが欠けていることに気がつく。

まず、国民、民族、宗教をそれぞれ分ける感覚が薄い。本来ミャンマーは多民族国家で少数宗教者もいるはずなのに、国民とはビルマ人で、国民すべてが仏教徒であるかのように語られる。ここには民族、言語、仏教が一体化する「アミョー・バーダー・ターダナー」（第１章参照）の思想的伝統が見いだせるだろう。

次に、世俗国家という発想が乏しい。公式制度上、仏教はミャンマーの国教ではない。だが実際には、国家の仏教への肩入れを望む人々も多い。指導者が高名な僧に寄進する姿が国営紙の一面を飾ることに違和感を覚える人はほとんどいない。政教分離を採用する世俗国家とは違う国家観が共有されているのである。

最後に、仏教徒が多数者でムスリムが少数者だという認識が希薄である。いずれムスリムが多数派になるという言説を信じる仏教徒たちにとって、ムスリムは宗教的少数者ではない。むしろ仏教徒が少数者で、ムスリムは拡大を続ける巨大な渦のような存在だ。ミャンマーや仏教徒がその渦に飲み込まれるという危機感が彼らには常にある。宗教的な想像力は、現代という時間や、ひとつの国民国家という空間で閉じていないことに注意すべきだろう。

スーチー政権の成立

これまでみてきたように、テインセイン政権下では、民主化の進展の一方で、コミュナル紛争も起きていた。両者は決して無関係ではない。ラカイン州とミャンマーの国民国家形成の歴史が下地となり、民主化の進展、いいかえれば、軍事政権による強権的な統治の終焉が、コミュナル紛争を引き起こすトリガーの役割を果たした。

一方で、民主化がもたらした望ましい変化も忘れてはならないだろう。最も重要なものが、二〇一五年総選挙での国民民主連盟（ＮＬＤ）の勝利である。ただの勝利ではなく、改選議席の三分の二を獲得する大勝だった。翌年三月には政権移行が平和的に行われ、スーチー政権が誕生する。一九八八年の民主化闘争から二八年。その間、スーチーは断続的に一五年にわたって自宅軟禁下にあり、家族とも会えず、イギリス人の夫とは死別していた。スーチーだけではない。議員になったＮＬＤ党員の多くは、軍事政権時代に入党した人たちで、政治運動に対する弾圧を身をもって知っている。投獄された経験を持つ者も少なくない。これだけ元受刑者の議員が多い議会も世界的には珍しいだろう。

二〇一六年三月のスーチー政権発足は、間違いなくミャンマー史の歴史的な瞬間だった。スーチー政権下で民主化がよりいっそう進むという期待が国内外で高まった。なお、子供がイギリス国籍を持つスーチーは、憲法五九条（ｆ）の規定により大統領資格を満たさないため、政権発足時には外務大臣などに就任し、のちに国家顧問（State Counselor）という特別なポストに就いている。

ラカイン州諮問委員会設置時。写真左がコフィー・アナン　AP/アフロ

和平を政権の最優先事項に据えたスーチーは、ロヒンギャ問題についても動きは早かった。政権発足からまもなくラカイン州諮問委員会（Advisory Commission on Rakhine State）を設置する。委員長にはコフィー・アナン元国連事務総長が就任し、ラカイン州問題の恒久的解決のための助言が求められた。元国連事務総長を座長とすることで国際的な説明責任を

果たそうとする政府の意図もみえる。この委員会の設置にはラカイン人政党や国軍による反対があったが、それを押し切って設置に踏み切ったものだ。国内政治問題に内向きに対処してきたミャンマー政府に変化が生まれる可能性を示したといえるだろう。

だがその頃、危機の足音もまた迫っていた。二〇一二年からはじまったコミュナル紛争は、世界的なニュースとなり、ロヒンギャの名が広く知られるようになる。この一連のニュースを通じて、アジアの仏教国でムスリムが迫害されているという事実をはじめて知った人も、世界には多かったはずだ。サウジアラビアのマッカに住むある青年もその一人だった。自分の父親のルーツであるラカイン州北部でムスリムへの迫害が起きている。そう知った青年は行動を起こすことを決意した。次章でみていこう。

第4章　襲撃と掃討作戦——いったい何が起きたのか

二〇一七年八月二五日の未明、ラカイン州北部で、武装した集団が国境警備警察（Border Guard Police、以下では国境警察）と国軍の複数の施設を襲撃した。危機のはじまりである。それから一〇日間に何があったのか。この問いに答えを出すことが本章の目的である。

だが、これは簡単なことではない。十分な捜査や事実究明が行われていないからだ。大まかなことはわかっていても、肝心の犠牲者の数ですら、被害者の証言にもとづいた推計にとどまっている。法医学的な客観証拠がない状態である。

とはいえ、事件から三年以上、当時の状況を知る努力がミャンマー内外で積み重ねられてきた。足りない情報はまだまだあるが、事実解明作業がこれから急に進む見込みは薄い。であれば、いままでわかっていることをここで整理・検討しておくことにも意味があるだろう。以下で、みていきたい。

1　ロヒンギャ武装勢力の変容

ARSAとアタウッラー

警察と国軍の施設を攻撃したロヒンギャの武装集団は、アラカン・ロヒンギャ救世軍（Arakan Rohingya Salvation Army：ARSA）である。このARSA（アーサと読む）とはいったいどういう組織なのだろうか。

組織の結成は二〇一三年。当初は、アラビア語で「信仰運動」を意味するハラカ・アル・ヤキン（Harakah al-Yaqin）と名乗っていた。以下では、混乱を避けることを優先して、組織の誕生時からARSAと呼ぶことにする。

ARSAのリーダーは、アタウッラー・アブ・ジュヌニという。彼には他にも、アミール・アブ・アマル、アブ・アマル・ジュヌニ、ハフィズ・トハールという名がある。謎の多い人物だが、安全保障分野ではよく知られた非政府系調査機関である国際危機グループ（International Crisis Group：ICG）の報告書によると、彼の来歴は以下のようなものだ。

アタウッラーは、パキスタンの最大都市であるカラチで生まれた。彼の父はラカイン北部で生まれたムスリムで、アタウッラーが生まれる前に難民としてバングラデシュに逃れ、その後、カラチに移住している。ちなみに、カラチにはいまでも世界最大のロヒンギャ・コミュニティがある。

アタウッラーが幼い頃、家族はカラチからサウジアラビアのマッカに移住した。マッカにも二〇万人近くのロヒンギャが住んでいる。彼はマッカで育ち、マドラサ（イスラム教を学ぶ学校）で教育を受けた。家庭内ではロヒンギャの言葉であるチッタゴン訛りのベンガル語を話していたのだろう。アラビア語とロヒンギャの言葉をともに流暢《りゅうちょう》に話すことが、ＡＲＳＡの公開したビデオで確認されている。

アタウッラーがラカイン州北部やロヒンギャに関心を持つようになったのは、二〇一二年に広がったミャンマーでのコミュナル紛争がきっかけであった。それまではミャンマーについて知識も関心もなかったといわれている。自身のルーツでもあるミャンマーで、ムスリムが迫害されている事実を知ったアタウッラーは、同年にマッカから姿を消した。その後、パキスタンなどでイスラーム系武装勢力によるゲリラ戦の訓練を受けたという。そののち、バングラデシュに密入国。他に二〇名ほどのマッカ出身のロヒンギャが加わって、コックスバザールの難民キャンプであるナヤパラで、二〇一三年に組織は結成された。

この武装組織と、ロヒンギャ連帯機構（ＲＳＯ）などすでに存在したロヒンギャの武装集団との関係はいまだはっきりしていない。のちにＡＲＳＡはＲＳＯを批判しているため、ＲＳＯ参加経験者がＡＲＳＡに加わることはあっても、指導層同士の関係は薄いようだ。

バングラデシュの日刊紙『ダッカ・トリビューン』（*Dhaka Tribune*）によると、組織構造は五層からなっていたという。頂点にアタウッラーがおり、その下に六人の幹部がいる。タウンシップごとに二〇人の上級指令役がいて、ロヒンギャの各村に指令役がいた。この指令役に集められた戦闘員が最後の層を構成する。この報道では、マウンドー郡だけで一〇五人の指令役がいて、それぞれ二〇人程度のメンバーを束ねていたという。これが正しければ、一三二人のコアメンバーと、二〇〇〇人を超える戦闘員がいたことになる。

村の指令役には、地元のモウロビがなり、彼らが現場での指令と戦闘員の募兵、そして村人の動員を担当した。モウロビとは、イスラームやイスラーム法の知識に通じた指導者や知識人のことである。ミャンマーではモウラウィ、他地域ではムッラー、イマームなどとも呼ばれる。

二〇一六年事件の衝撃

海外のロヒンギャ・コミュニティから来た小規模な過激派集団に過ぎなかったARSAが、いかにして七〇万人規模の難民を生み出す事件を引き起こしたのか。

ARSAによる最初の攻撃は二〇一六年一〇月九日に起きた。深夜一時三〇分頃、マウンドーの町の北、チーカンピン村落区にある国境警察第一部隊の駐在施設を、一〇名ほどの集団が襲った。その二時間ほどあとに、今度は、ラーテーダウン郡のコータン・カウ村落区にある、同じく国境警察の歩哨所《ほしょう》(監視用の小さな施設)を一〇名ほどが襲撃した。ARSAの戦闘員は、歩哨所を囲った塀をよじ登り、刀や槍状の武器で警察官を襲ったという。続いて、四時三〇分頃にマウンドー郡北部にあるンガクヤ村落区の警察署を五〇人が襲撃する。

襲撃は警察官の応酬や国軍からの援軍により、すぐに抑え込まれた。犠牲者は、警察側が九人、襲撃側は八人と比較的小規模だ。襲撃に参加した人数ははっきりしないが、一〇〇名程度といわれる。これも規模としては決して大きくない。国軍にとっては日常的な戦闘規模である。

だが、襲撃の内容が国軍に衝撃を与えた。ラカイン州において、わずか四時間ほどのあいだに、複数の警察施設が、戦闘訓練を受けた集団によって攻撃されることはこれまでなかったからだ。しかも、襲撃の当事者たちについて、国軍はほとんど情報を得ていなかった。さらに、襲撃後に国軍による捜索活動が行われると、動員された村人たちが、ＡＲＳＡの戦闘員とともに国軍の部隊に抵抗してくることもあった。

ＡＲＳＡは襲撃後の声明で、この襲撃を「ジハード」（聖戦）だと表現した。また、襲撃がイスラーム的に合法であるというファトワー（イスラム法学者の見解）を、ＡＲＳＡに所属する地元のイスラーム法学者が出していた。襲撃後には、サウジアラビア、ドバイ、パキスタン、インド、バングラデシュのロヒンギャ・コミュニティで、ほぼ同様のファトワーが出ている。ＡＲＳＡが襲撃の宗教的な正当化を試みたのである。

さらに、ＹｏｕＴｕｂｅに公開された犯行声明では、アタウッラーが中央でイスに腰掛け、隣で一名が声明を読む姿が映し出された。両脇に二名ずつ小銃を持って立っている。他のビデオでは、アタウッラーの脇に立つ戦闘員が布で顔をおおっていることもある。こうしたスタイルは、これまでのロヒンギャの武装闘争とは違った。ミャンマー内の他の武装勢力とも違う。中東、南アジアの過激派グループの手法と同じものにみえる。襲撃に参加した村人への聴取では、地元のモウロビが動員の一翼を担っていることがわかってきた。

この時点でミャンマー国軍は、ARSAをグローバルなジハード主義者の一部、すなわちイスラームの理念と法で既存秩序の暴力的な転換を目指す国際的なテロリスト集団の一部だとみなしていた。なかには、ついにきたか、と感じた関係者もいただろう。

In the name of ALLAH,the Most Magnificent,

声明を読むアタウッラー（You Tubeより）

というのも、二〇一二年の宗教紛争後に、パキスタンのパキスタン・タリバン運動（Tehrik-e Taliban Pakistan）が同国のミャンマー大使館の閉鎖を求めたり、イラク北部にあったイスラーム国（Islamic State）の機関誌である『ダービク』（*Dabiq*、二〇一四年から二〇一六年までオンラインで発行）に、バングラデシュのイスラーム国戦闘員がミャンマーに対するジハードを呼びかける記事を掲載していたからだ。ロヒンギャという言葉が、グローバル・ジハード主義者界隈《かいわい》で言及される機会が増えていたのである。そのため、ミャンマーへの国際的テロリストの影響を国軍は警戒していた。二〇一四年には「対テロリズム法」が連邦議会を通過しており、法的にもテロへの対策を進めている最中での襲撃だった。

では、ＡＲＳＡと国際的なテロ組織との間に関係はあったのか。この点はいまだ不明だ。イデオロギーでいえば、ＡＲＳＡはイスラームを前面に押し出すことはない。襲撃後にインターネット上に公開された動画や、海外メディアとのインタビューでも、アタウッラーは、ミャンマー政府のロヒンギャに対する迫害を止《や》めさせ、自分たちには自分たちを守る権利があると主張した。あくまでラカイン北部のムスリムのための運動だというのである。シャリーア（イスラーム法）の導入によるイスラーム国家の樹立を公的にはかかげていない。

ただし、国際テロ組織の構成員と、個人的交友関係があったり、パキスタン、アフガニスタンなどでの訓練、戦闘への参加を通じてつながっていたり、といったことはあるだろう。サウジアラビアやマレーシアなどにパトロンがいて、彼らがＡＲＳＡの活動資金を提供しているとみられており、そのパトロンが国際テロ組織を支援している可能性もある。

断定は難しいが、ＡＲＳＡは基本的にはロヒンギャのための武装勢力だとみなすのが適切だろう。ただし、グローバル・ジハード主義者が多用する戦略や戦術をモデルとし、訓練などを通じた支援や人的なつながりがあることは間違いなさそうだ。

2　二〇一七年八月二五日

再び、ＡＲＳＡの襲撃

最初の襲撃から一年もたたずに、二度目の襲撃が起きる。

二〇一七年八月二四日午後八時頃、ラカイン州北部の各地にいたＡＲＳＡのメンバーに攻撃を指示するメッセージが送信された。メッセージの伝達には主にソーシャル・メディアが使用された。具体的には、ワッツアップの音声メッセージが使われた。文字がないロヒンギャの言葉を送る際に音声メッセージは便利だった。

指示を受けた各地のＡＲＳＡメンバーたちは、指令役であるモウロビたちを通して村人たちを動員した。武器や即席爆発装置（Improvised Explosive Device：ＩＥＤ）も提供したという。

実際に襲撃がはじまったのが、日付をまたいだ二五日の二時三〇分頃である。マウンドー郡にあるラウンドン村落区、テチャウン・チャウングワ村落区、上ピューマ村落区、ンガクヤ村落区、下ピューマ村落区にある国境警察の施設が、ＡＲＳＡの戦闘員と動員された村人たちに襲われた。

その後、三時から翌朝にかけて、マウンドー郡とブーティダウン郡にある二三の同じく国境警察の施設、くわえて陸軍の工兵大隊の駐屯地一ヵ所が襲撃された。その昼にさらに二ヵ所が攻撃された。合計三〇ヵ所の国境警察施設、一ヵ所の陸軍施設がターゲットになった。北西から南東に細長く広がるマウンドー郡の全域にわたる攻撃だった。その後数日で、さらに二六ヵ所の国境警察施設が攻撃を受けている。広範囲にわたる動員と同時多発的な襲撃にＡＲＳＡが成功したといってよい。

なお、一部では、この襲撃を国軍による捏造《ねつぞう》とする説がある。ロヒンギャを殺害・追放するための口実づくりだったという憶測である。だが、首謀者であるＡＲＳＡも襲撃は認めており、その後の各種調査や報道でも確認されているので、襲撃が広範囲であったことは間違いない。

ＡＲＳＡの戦略としても、警察施設を襲うことは合理的だった。それには、ＡＲＳＡ側の武器が極めて貧弱だったことが関係している。襲撃後に国軍に押収された武器をみると、古い小銃、槍、ナイフ、なた、パチンコ、ジンガリー（先が鉤《かぎ》状になった小刀）、手製の爆弾、といったものばかりだ。戦闘員は小銃を所持し、ＩＥＤを使用したが、襲撃に参加したほとんどの村人は粗末な武器しか所持していなかった。

ＡＲＳＡは銃火器などの武器を奪うために警察施設を襲ったのである。多くの場所では、数百人が警察施設を取り囲んだという。各警察施設に常駐していたのは一〇人から一五人程度と、襲う群衆の数との間には大きな差があった。一部の警察施設では、ＡＲＳＡと村人がなだれ込んで、自動小銃（ＢＡ－63）や、短機関銃（ＢＡ－94）、スタンガン、弾倉、手榴弾《しゅりゅうだん》などを奪っている。

武器を奪取するために警察を襲ったとすれば、当然、武器を奪ったあとの計画もあったはずだ。だが、その内容はいまのところわかっていない。襲撃の約五ヵ月前の三月二九日にARSAは声明で、ミャンマー政府（アウンサンスーチー政権）に対して二〇の要求を発表していた。内容は、土着民族としての国籍や国際機関の人権侵害に関する調査を求めるものであった。それらに進展がみられなかったために方針を自衛から攻撃へと転換したのか。あるいは後述する国連の報告書にあるように「国軍が残忍な手段で対抗することはわかっていたから、それで国際的な関心を引くために襲撃した」のか。

一方で、国軍の見立てについては、国軍内部で回覧された文書がある。ARSAは、二〇一七年三月頃から、ラカイン州北部三郡で同時多発的に反乱を起こし、同地域を実効支配することで独立国家「アルキスタン」、あるいは自治州「アルキスタン州」の設立を目指している。これが国軍の見立てだった。

この見立てには背景がある。二〇一七年になって現地の治安は目に見えて悪化していた。四月にマウンドーで行政官が拉致・殺害される事件が起き、五月にはブーティダウンで爆発が起きて五人が死亡している。七月九日には国境警察が武装集団に襲撃されていた。ミャンマー政府の声明によると、八月九日までに合計五九人の民間人（ロヒンギャもその他の民族も含む）がARSAとみられる武装集団によって殺害され、三三名が行方不明になっていた。

八月三日には、マウンドーでムロと呼ばれる少数民族の八人が農作業中にARSAとみられる集団に暴行を受けて殺害される事件が起きた。この八月三日の事件が直接のきっかけとなってラカイン州の警戒レベルが引き上げられ、国軍は警察の増強では対応に限界があるとし、陸軍の六個大隊（第三三軽歩兵師団、第九九軽歩兵師団に所属）を他地域から派遣している。

掃討作戦に関する二つの報告書

最初の襲撃の後、ラカイン北部に混乱が広がった。警戒をしていたとはいえ、国軍の予想を遥《はる》かに上回る規模の攻撃だったからだ。その混乱のなかで掃討作戦が開始された。

前述したように、掃討作戦の実態について、捜査らしい捜査が現在まで行われていないため、多くのことが謎のままだ。言い訳じみてしまうが、以下の記述は、まだ不明な点も多いという前提で読んでいただく必要がある。

具体的な事件の描写と検討は、二つの報告書の内容をもとにする。

一つ目は、国連人権理事会（ＵＮＨＲＣ）が設置した独立国際事実解明ミッション（ＩＩＦＦＭ）が二〇一八年八月に提出したものである。このミッションは、二〇一七年三月二四日に設置された。委員は三人。委員長はインドネシアの元検事総長であり、スリランカの内戦に関する国連専門家委員会の代表を務めた経験もあるマルズキ・ダルスマン（インドネシア）。他に、従軍慰安婦に関する一九九六年の国連報告「クマラスワミ報告」で知られるラディカ・クマラスワミ（スリランカ）、そして、国際人権法を専門とする法律家であるクリストファー・シドティ（オーストラリア）が委員を務めた。

この委員会が設置されたのは、二〇一七年のラカイン危機発生前である。だが、ラカイン州北部での危機発生を受けて、調査の主たる内容は、二〇一七年八月二五日以降の国軍による人権侵害にあてられ、二〇一八年八月に、四四四頁からなる詳細な報告書が提出されている。IIFFMの調査にミャンマー政府が協力しなかったため、多くの情報をバングラデシュの難民キャンプでの聞き取り調査（八七五人への聞き取り）によっている。他にも、衛星写真の解析、ソーシャル・メディア上の国軍関係者の発言などが参照された。

二つ目の情報源は、ミャンマー政府が設置した独立調査委員会（Independent Commission of Enquiry：ICOE）の最終報告書である。この調査委員会は、IIFFMが報告書作成の最終段階にあった二〇一八年七月三〇日に設置された。国連への協力を拒否したミャンマー政府の対抗措置ともいえるものだった。委員四名のうち二名は外国人で、ひとりは委員長であるロサリオ・マナロ。フィリピンの外務副大臣を経験したことのあるベテラン外交官である。もうひとりは日本人の元外交官で、国連事務次長、国連日本政府代表部特命全権大使を歴任した大島《おおしま》賢三《けんぞう》である。国内からの委員二名は元国連職員で学者のアウントゥンテッと、元憲法裁判所長官のミャテインであった。

IIFFMとは異なり、ICOEは、コックスバザールの難民キャンプでの調査を実施できなかった。逆に、IIFFMができなかったミャンマー内での調査を行い、国軍や警察の作戦従事者、また、現場で掃討作戦を目撃した人々、さらに作戦に協力したラカイン人からも情報を得ている。二〇二〇年一月に最終報告書が大統領に提出された。全文はまだ公開されていないものの、要旨と掃討作戦の詳細に関する部分は公開されているので、だいたいの内容を知ることができる。

ＩＣＯＥは、事件の評価について、ＩＩＦＦＭとは異なる見解を示している。最も重要な違いは、国軍の掃討作戦が国際法上のジェノサイドにあたるかどうかについてである。ＩＣＯＥはこの点には否定的だ。そのため、ミャンマー政府が事実を隠して正当化するためにＩＣＯＥを組織したという見方もあるが、公開された報告書の一部を読むと印象は変わる。そこにはＩＩＦＦＭではわからなかった情報も含まれていて、事件の評価についても国軍による大量殺戮や戦争犯罪をほぼ認定している。ミャンマー政府や国軍を全面的に擁護する内容にはなっていない。

したがって、両報告書は相互補完的なものになるというのが筆者の理解である。そこで以下では、この二つの報告書を基本的な参照資料として、事件の再構成に取り組んでみたい。両報告書が異なっている場合にはその点を明記するが、両者の違いを詳しく知りたい読者は、報告書を直接読んでいただければと思う。

3　何が起きたのか

三つの段階、三つの紛争

事件は三つの段階に分けることができる。

第一段階は国境警察・国軍施設をターゲットとしたARSAによる襲撃である。ミャンマー政府の発表によると、八月二五日から三日間に合計五五の警察施設と、ひとつの国軍の駐屯地が襲撃を受けている。動員されたARSA戦闘員と村人は、約五〇〇〇人になるという。この襲撃から施設と武器を護ることが国軍と警察にとって最初の任務であった。

第二段階は、国軍・警察による掃討作戦である。関連施設を防衛したあと、襲撃犯を捜索し、逮捕する任務が国軍と警察に生じた。国軍の部隊（国軍と警察の部隊のケースもある）が村々を捜索のために回った。これが掃討作戦の中身である。この軍事作戦は、スーチーが作戦の中止を命じた九月四日まで続いたことになっている。

第三の段階は、九月五日以降の軍事作戦後とされる時期である。九月五日からは国軍の掃討作戦は行われなかったはずだが、実際には、ラカイン州北部の村々で家屋が燃やされて火の手があがっているのが目撃されている。難民の流出も止まらなかった。

これら三つの段階それぞれで、主たる紛争の形態が異なる。

第一段階で起きたのは、ARSAが主導する民衆蜂起であった。二〇一六年の襲撃とは比べ物にならない数の人々が、地元の宗教指導者によって動員され、手近な農具などを武器として政府に立ち向かった。動員に際してARSAによる村人への脅しなど強引な手法が採られたとみられているが、それだけでこれほどの数の人々を動員するのは難しい。長年蓄積した不満が背景にあり、それが暴力につながったとみるのが自然だろう。

第二段階での紛争形態は、国軍によるARSAや地元住民への攻撃である。後述するように、前代未聞の襲撃を受けたミャンマー政府は、ARSAをテロリスト団体に指定し、襲撃をテロ攻撃だとみなした。この、テロの認定が、ロヒンギャの民衆蜂起という側面をみえなくした。そのため、国軍は、ARSAの戦闘員と、動員された村人を区別しなかった。せいぜい数百といわれるARSAのコアメンバーが、国軍の発表では一万人を超えるとみなされたのはそのためだ。

掃討作戦時には、ARSA戦闘員による反撃もあったが、その規模は限定的で、ARSAの計画は第一段階でほぼ頓挫していた。だが、国軍はそうは考えなかった。二次、三次と攻撃が続くことを想定して、いくつもの村落で捜索を行った。脅威の過大評価が起きたのである。この過大評価が、掃討作戦における過剰な暴力行使につながった。そして、大量殺戮を含む大規模な人権侵害が発生したと考えられる。

第三段階、つまり掃討作戦の終了後には、ラカイン人によるムスリム村落への破壊行為が報告されている。その多くは、ロヒンギャが避難して無人となった村で起きていた。掃討作戦中の国軍・警察の村落破壊よりも広範にわたって、村落が彼らに焼き払われた可能性が高い。掃討作戦中に国軍の部隊とともに行動したラカイン人民兵もいたと報告されている。そうなると、第二段階から第三段階にかけて、コミュナル紛争も並行して起きていたと理解することができるだろう。

まとめれば、ARSAが主導するロヒンギャの民衆蜂起、国軍・警察によるARSA戦闘員と襲撃参加者の捜索を目的とした掃討作戦、そして、ロヒンギャとラカイン人との間のコミュナル紛争、これら三つの紛争が混在して起きていたとみることができる。こうした構図を頭に入れた上で、以下では具体的な事件の経緯と、のちに問題となる掃討作戦の事例をみていきたい。

動員の手段

ARSAによる二〇一七年の襲撃は、二〇一六年より周到に準備された。それはどのようにしてか。襲撃に参加して逮捕された村人の供述調書が流出している。筆者の手元にもいくつかあるが、そのひとつで語られた内容は以下の通りである。

日常的に礼拝に通う村のモスクで、ある日、よく知るモウロビがマウンドー、ブーティダウン、ラーテーダウンにイスラーム国家をつくるのだと村人に語った。そのモウロビは、自分たちが差別的な扱いを受けているため、自由を得るべく、皆が協力して警察を襲って武器を奪取するのだと言っていた。ARSAの戦闘員が攻撃を開始するので、それに合わせて手持ちの武器を準備をするように、ということだった。自分はモウロビのいうことはもっともだと思った。

二〇一七年八月二四日の午後六時に、モウロビから村人たちにモスクに集まるようにと連絡があったのでモスクに行くと、ARSAの戦闘員たちがいた。戦闘員たちは、マウンドーとブーティダウンにある他の警察署でも襲撃がはじまるといい、午後一一時に武器を持ってモスクに戻ってくるようにと指示した。襲撃に参加しなければ、それはイスラームに反する行為であり、首を切り落とすといっていた。

自分は刀を持ってその時間にモスクに向かった。他にも刀やナイフを持った人々が集まっていた。ターゲットの警察署に皆で向かう道中、他の村からも人が合流して三〇〇人くらいになった。午前四時前に警察署を囲んで攻撃を始めた。だが、警察が発砲してきたので、自分の村に逃げ帰った。

ミャンマー警察による調書なので、内容の信頼性には留保が必要だが、国際危機グループ（ICG）も、モウロビが持つ村人への絶大な影響力が動員の原動力になったと指摘している。

筆者が行ったラカイン州北部のムスリムに対する電話での聞き取りでも、同様の話を聞いた。ARSAは、地元のイスラームの権威と脅しなども使いながら、襲撃参加者を募っていた。

初動

ミャンマー政府の初動はどうだったのか。

まず、ソーウィン国軍副司令官が当時のティンチョー大統領に説明をする。報告を受けた大統領は、即座にラカイン北部の三つの郡(マウンドー郡、ブーティダウン郡、ラーテーダウン郡)を軍事作戦地域に定めた。さらに、反テロリズム法にもとづいて、内務大臣を長とする反テロリズム中央委員会を招集。同法の規定にしたがって、ARSAをテロリスト団体に指定した。それを受けて国軍は掃討作戦を開始した。

したがって、掃討作戦は大統領の正式な承認を得て開始されており、国軍が独断で作戦を開始したわけではない。なお、国家顧問であるアウンサンスーチーへの報告があったことを国軍は明言していないが、これだけの事態で、スーチーへの報告と承認がなかったとは考えられない。ただ、どういった情報がスーチーに報告されたのか、また、作戦内容について文民政権がどこまで把握していたのかまではわからない。推測になるが、安全保障に関する情報はほぼ国軍が独占しており、文民政権に作戦の是非や帰結の予想は困難だっただろう。

同様に、国軍内での作戦内容の指示についても不明である。国軍は国内法や国際法(国際人権法）にしたがった交戦規定（Rules of Engagement）のもとに、作戦遂行の指示を発令したと、のちに弁明している。だが、仮に国軍の説明が事実だとしても、これから詳述する事例が示すように、交戦規定が遵守されていたとはとてもいえそうにない。

4　掃討作戦の実態

掃討作戦の実態をみていこう。

IIFFMは、人権侵害が起きた場所として一〇ヵ所以上の村や町の名前を挙げている。ICOEも、IIFFMが挙げた村々について、独自の調査を行っている。両報告書が扱った事例のなかでも、特に大規模な人権侵害が起きたとされる四つの村を以下でみる。とりあげる村は、ミンジー村（マウンドー郡）、チュッピン村（ラーテーダウン郡）、マウンヌ村（ブーティダウン郡）、アレータンジョー村（マウンドー郡）である。それぞれの位置関係は地図4－1に示している。

ミンジー村——最大規模の殺戮

ミンジー村落区は、マウンドー郡の北部にあり、村落の北、東、南の三方をピューマ川が流れている。ロヒンギャの間では、トゥラトリという名で知られた村だ。

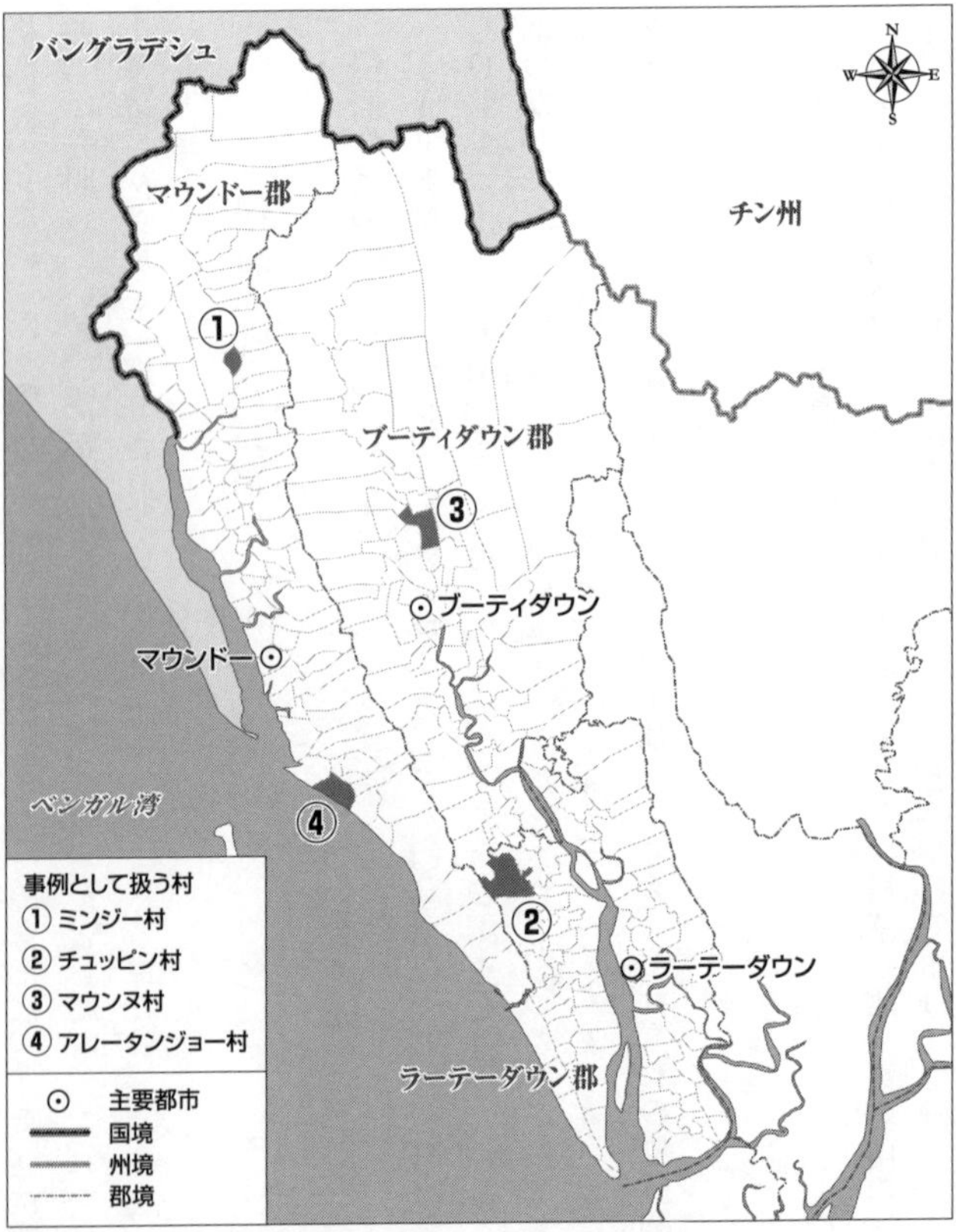

地図 4—1　ラカイン州北部と事例として扱う村の位置

人口は、ロヒンギャが約四三〇〇人、ラカイン人が約四〇〇人住む。両者は同じ村落区に住んでいるが、村落区内で隣り合う別々の村にコミュニティを形成していた。ICOEによると、この二つの村は、二〇一六年の事件後に、それぞれの村のリーダーたちが複数回の会合を持ち、お互いを攻撃しないと合意していた珍しい村だったという。

八月二五日、ミンジー村落区のなかではARSAの襲撃は起きなかった。二五日と二六日に、東隣の二つの村で警察施設をARSAと群衆が襲撃している。国軍・警察からの反撃を受けて、襲撃に参加したARSAの戦闘員や戦闘から逃れた人々が、川を越えてミンジー村に避難した。

二九日の午前九時頃、今度はミンジーの北約二キロのところにあるミャワディ村（ラカイン人の村）の警察施設が襲われた。援護のために国軍の部隊（第九九軽歩兵師団下の第三一五軽歩兵大隊）が同村に到着。到着時点では、すでにARSAや群衆が警察の発砲により逃走したあとだった。この村からもARSAの戦闘員や村人がミンジー村に逃げ込んだものとみられる。一個中隊がミャワディ村に残って、住民を安全な場所に避難させるとともに、村の南、つまりミンジー村に近い場所にベースキャンプを設置して、夜を明かした。

三〇日の早朝に、同中隊に、南の方角、すなわちミンジー村の方角から、「アッラー・アクバール」と叫ぶ数百の集団が棍棒《こんぼう》やジンガリー、手製の武器などで襲撃してきたという。部隊による発砲を受けて、群衆は散り散りとなったものの、しばらくすると、またARSAの戦闘員とともに戻り、部隊と衝突した。これを何度か繰り返していた。ゲリラ戦で使われるヒット

&ラン戦術である。

この時点で、部隊はミンジー村にARSAの拠点があると考えた。そして、一個中隊が村へと進軍する。午前八時から九時の間に村に到着した部隊は、村に入るやいなや発砲を始め、家屋に火を放った。これはIIFFMとICOEが、ともに認定する事実である。ARSA戦闘員による反撃もあったようだが、逃げ惑う村人、つまり民間人にも容赦なく国軍兵士は発砲を続けた。

さらに、IIFFMによると、部隊にラカイン人の集団が帯同しており、彼らは部隊の侵入経路とは別の方角にあたる西と北から村に入った。そのため、村人たちが銃撃やラカイン人の集団を避けるには、東か南に逃げるしかない。それは、川を渡ることを意味した。八月は雨季で水量が多い。少なくない村人が向こう岸を目指して川に飛び込み、溺れ死んだものとみられる。

こうして生じたミンジー村での死者数は、IIFFMが七五〇人（うち、ミンジー村民が少なくとも四〇〇人、その他は、隣の村々から避難してきた人々）と推計している。そのほとんどが民間人だという。射殺や溺死《できし》だけでなく、ナイフで喉をかき切られた者や、家屋ごと焼き殺された者がいたという証言も含まれている。

一方のICOEの推計死者数はさらに多い。興味深いのは、当時、遺体の処理を担当したラカイン人への聞き取りの結果を載せていることである。その人物によると、合計で五〇〇体から六〇〇体の遺体を埋めたという。それに川で溺れ死んだ人々や、焼き払われた家屋にいて亡くなった人たちを含めると、犠牲者は一〇〇〇人を超えると推測されている。

また、両報告書ともに、国軍の部隊が村落の家屋を破壊したことを認定している。衛星写真を解析したIIFFMによると、約四四〇の家屋と村の施設が焼失した。火をつけたのは国軍の部隊だけでなく、部隊に自らの意思で帯同したラカイン人の集団も含まれていた。衛星写真を見る限り、家屋が跡形もなく焼けている。

両報告書で見解が分かれたのが、性暴力の有無である。IIFFMは、この村での掃討作戦で、女性たちが殴られ、レイプを受けたとする。報告書内では、赤ん坊を連れた女性が、国軍兵士らに空き家に連れ込まれ、集団でレイプを受けたうえに、子供を殺害されたという証言が引用されている。一方でICOEの調査では、伝聞情報以外にレイプの目撃情報は得られなかったという。

チュッピン村――村人への無差別発砲

チュッピンはラーテーダウン郡の北西部に位置し、ブーティダウン郡と、マウンドー郡に接する村落区である。ロヒンギャの間ではシュアッ・パルンと呼ばれる。

マユ川の西岸に位置し、村落区内には四つの村があった。チュッピン村落区の一番大きな村の名はチュッピン村である。このチュッピン村は、ムスリム（約二〇〇世帯）、ラカイン人（三二世帯）と少数民族テッ人（一九世帯）が集住する。他にも、ムスリムの村がひとつ、また二つのラカイン人の村があった。そのうちひとつは軍事政権の時代に仏教徒の移住者がつくった村だった。

チュッピン村での事件には前史があった。襲撃の前月にチュッピン村に住むテッ人の男性がマユ山地で行方不明になった。村人たちが捜索したところ、山中で遺体が発見された。その場所には、ARSAのものと思われる訓練施設があった。訓練をたまたま目撃したために殺害されたとみられている。後日、殺人容疑で同じ村のロヒンギャ三名が逮捕された。だが、ロヒンギャの村人たちが警察に抗議し、その三名を警察署から村に連れ戻している。

翌日、今度は隣にあるラカイン人中心のゼーディーピン村で、ラカイン人の農地で雇われていた三人のロヒンギャ労働者が殺害され、遺体が水路に捨てられるという事件が起きた。さらに、この村のラカイン人たちが、ロヒンギャの居住区を有刺鉄線で覆い、移動をできなくさせた。この村での両民族間の緊張が高まったため、同村のロヒンギャのなかには、チュッピンに避難する者もいたという。国軍と警察も暴力的な衝突への発展に警戒を強め、チュッピン村に駐在する警察官を増員した。

八月二五日、チュッピン村の警察施設に襲撃はなかったものの、各地での襲撃の情報を知ったゼーディーピン村のラカイン人が、有刺鉄線で囲っていたロヒンギャの家に火を放ち始めたという。このとき、近くにいた国軍の部隊も警察も、その様子を傍観していた。

一日おいて二七日に、チュッピン村で国軍による村人への発砲があった。ＩＣＯＥによると経緯は以下の通りだ。

村を五人の兵士が捜索のために訪れた。他の村での襲撃にかかわった容疑者を引き渡すよう村長（ロヒンギャ）に求めるためであった。しかし、村長はその要請を拒否する。直後、村を囲んでいた部隊が、ロヒンギャ居住区域に入って一斉に発砲を始めた。村人たちのなかに国軍に抵抗する者はなく、ただ逃げ惑うだけだった。

この作戦で失われた命の数について、ＩＩＦＦＭは独自の推計は行っていない。だが、参考情報として、難民キャンプでロヒンギャの一組織が作成した被害リストを紹介している。それに従えば、少なくとも三五八人（うち一二七人は五歳以下）が殺され、一九人の女性がレイプされたという。一方で、ＩＣＯＥは、現場を見ていた仏教徒とロヒンギャの証言をもとに、死者は一〇〇人から三八七人の間だと推測している。レイプについては、ミンジー村と同様に目撃証言が得られなかったと記している。

チュッピン村では、村落の破壊は大規模かつ徹底的だった。ＩＩＦＦＭが解析した二〇一七年九月一六日時点の衛星写真をみると、ロヒンギャの居住地区がほぼ焼失している。他方、同じ村内にあるテッ人の居住地区は、そのまま住居が残っている。破壊した当事者にロヒンギャの居住地区を破壊する意図があったことは明らかだ。ただし、衛星写真では誰が火をつけたのかまではわからない。ＩＩＦＦＭは国軍が家屋に火をつけたと推測しているが、ＩＣＯＥは、ラカイン人の民兵が家屋に火をつけていたという証言を紹介している。さらに、近隣のロヒンギャの村が三つ焼失しており、村人が避難して無人になった村々を、ラカイン人民兵が火をつけてまわっていたという目撃談もある。

マウンヌ村——村人の処刑

マウンヌは、ブーティダウン郡チンターマー村落区内にある、人口約二〇〇〇のロヒンギャの村である。ミャンマーの村のサイズとしては大きい。ロヒンギャたちの間ではモヌ・パラという名で知られている。

チンターマー村落区には他に三つの村があり、すべてロヒンギャが多数を占める村である。そのうちのひとつであるパウントーピン村の国境警察の歩哨所が、八月二五日の早朝にARSAと群衆に襲撃された。警察による応戦で、警察側に二人、ARSA側に二人、犠牲者が出たと政府は発表している。ARSAと群衆は散り散りとなり、夜間に村を離れた人々も多くいた。ARSA側の犠牲者の一人が村長の息子であったため、報復を目的として、二六日に再びパウントーピン村の歩哨所がARSAと群衆に襲われている。

マウンヌ村に国軍の部隊（西部軍管区下の第五六四軽歩兵大隊）が入ったのは、二七日の午前一〇時頃だった。彼らがマウンヌの村を訪れた理由は明らかになっていないが、おそらく警察施設の襲撃に関与したARSAの戦闘員と村人を捜索するためであろう。部隊は村と接する道路ではなく、普段は使わない山道から入り、何の予告もなく発砲した。この点はIIFFMとICOE、双方の報告書に同様の記述がある。

突然のことに、村人たちが逃げ惑うなか、村内の有力者の敷地内に逃げ込む人たちがいた。その敷地の所有者（以下、A）は実業家で、ブーティダウンの国軍関係者や役人にも顔が利く人物として知られていた。その人物のもとに逃げ込めば助かるかもしれないと、多くの村人は考えたわけである。Aも彼らを家屋に招き入れた。一〇〇人以上の人々が敷地内に逃げ込んだという（三〇〇人という証言もある）。

一一時頃、国軍の兵士二〇人ほどがAの家屋を取り囲み、入口の戸を開けることを要求した。このとき、催涙ガス弾が室内に打ち込まれたとの証言もある。危険を感じたAが戸を開けるやいなや、兵士から銃撃を受けた（その後、死亡）。IIFFMのレポートによると、彼の二人の息子たちも、このとき銃撃を受けている。兵士たちは、家屋にいた人々のうち、男性たちを後ろ手に縛って、庭でうつぶせになるように命じた。兵士たちはうつぶせになった男性たちに暴行を加え、その後、その場で処刑したとみられている。

マウンヌ村での死者の推計については、IIFFMは多くて一〇〇人としている。対して、ICOEは一〇〇人から二〇〇人と推測している。マウンヌ村での事件については、IIFFMとICOEの収集した証言から推測できるイメージは近い。村の有力者の家に逃げ込んだ人々に向けて、国軍兵士が無差別に発砲し、その後、村人の一部をARSAの戦闘員とみなしてその場で処刑したというものだ。

両報告書で食い違うのは、ここでも女性に対する性暴力の認定についてである。ＩＣＯＥは、Ａの家屋から退出を命じられた女性たちの一部が、貴重品を兵士たちに奪われる際に、体をまさぐられていたという目撃証言を載せている。だが、レイプについては、噂としてしか情報が得られなかったという。他方、ＩＩＦＦＭは、マウンヌでのレイプの証言をいくつも挙げている。なかには、兵士がレイプ後に被害女性の性器をナイフで刺して殺害するのを近くで見たというものすらある。

村落破壊については、マウンヌ村と同一村落区内にある村々の一部が破壊された。ＩＩＦＦＭによると、両方の村で合わせて三二〇以上の建築物が破壊されたという。この村落区には、ラカイン人の村が存在しないため、家屋の焼失や破壊は、主に国軍の部隊によるものではないかとＩＣＯＥは推測している。

アレータンジョー村――村人の大量流失

アレータンジョーはマウンドー郡の南部にあり、海沿いの村落区である。ロヒンギャたちのあいだでは、ハッス・ラタと呼ばれている。村落区内には六つの村があり、人口は一万一五〇〇人である。うち、五つがロヒンギャの村で、一つの村だけがロヒンギャとラカイン人がともに暮らしていた。この地域は、一九四二年に大規模な宗教紛争が起きたとされる地域で、ラカイン人が二万人殺されたといまでもミャンマーでは信じられている。

ＩＣＯＥの報告書にある同村落区の村長（ロヒンギャ）の証言によると、この村ではＡＲＳＡによるロヒンギャ村民の組織化が、二〇一六年の襲撃直後からはじまっていた。組織化には三つの段階があったという。まず、ラカイン人との接触の禁止、次にラカイン人を雇用主とする労働の禁止、そして第三に村落区の長（村長）とそれぞれの村の責任者との接触の禁止である。実際に、村の責任者たち（全員がロヒンギャ）は、二〇一七年八月の二、三ヵ月前から村落区の定期会合に出席しなくなった。

襲撃の前日である二四日の午前中には、国境警察への襲撃計画について、村の政府関係者に情報が入っていた。ラカイン人のなかには、村落区内のラカイン人たちを避難させるように政府に求める者もいた。実際に、警察は一部のラカイン人を避難させている。

二五日午前三時頃、噂通りにＡＲＳＡの戦闘員と群衆が国境警察を襲撃した。国軍によれば、群衆の数は七〇〇人ほど。警察署を取り囲んだ群衆は、「マロ、マロ、モージー、マロ」（殺せ、殺せ、ラカイン人を殺せ）と叫んでいたという。援軍の要請を受けた国軍の部隊（第三三軽歩兵師団下の第四歩兵大隊）が午前五時過ぎに村に到着し、応戦した。ここでもヒット＆ラン戦術が使われ、ＡＲＳＡと群衆は襲撃と撤退を二度繰り返した。国軍が警察署の安全を確保できたのは、到着から四時間後の九時頃であった。その後、二七日まで警察署への発砲が断続的にあったという。

この戦闘での死者数について、ＩＣＯＥは、政府側は入管職員一人、ロヒンギャ側は襲撃に参加した一三人から五〇人だと推計している。すべてが国境警察駐在所の衝突で生じた犠牲者だという。一方、ＩＩＦＦＭは、全体の死者数を割り出すのは難しいとしたうえで、七七人という前述のロヒンギャ団体から提出されたリストにある数を紹介している。

アレータンジョーのケースが特異なのは、一万人近く暮らしていたロヒンギャのほとんどが村を去ってバングラデシュに向かったことである。追放ではないかという声もある。

ＩＩＦＦＭはこの理由を、二七日から本格化した掃討作戦に求めている。掃討作戦での発砲と住居の焼き払いが流出の原因だったというのだ。証言のなかには、村の市場でラカイン人がムスリムの商店から盗みをはじめ、それを止めようとするロヒンギャの商店主たちに兵士が発砲したというものもある。

他方、ＩＣＯＥの解釈は異なる。この村では、ＡＲＳＡによる襲撃が多くの人々に事前に予想されていたこと。また、ベンガル湾から船で容易に国境を越えられることが、村人が大量に避難した主たる理由だという。国境警察への襲撃が起きた直後から、一部の村人は早々に避難を始めていたという証言もある。

この村の村落破壊についても、ＩＩＦＦＭは、国軍の部隊と一部のラカイン人がロヒンギャの家屋を燃やしたり、ものを盗んだりしたと報告している。ＩＣＯＥは、国軍兵士、ラカイン人、ＡＲＳＡの戦闘員、それぞれが家屋に火をつけていたとみなしている。ラカイン人と思《おぼ》しき集団が村人のいなくなった村でガソリンをまいていたという目撃証言も出てくる。

その他の事例

以上が掃討作戦における人権侵害の代表的な事例である。これ以外にも多くの事例が報告されている。そのなかには、ロイター社が一〇人のロヒンギャ村民の処刑をスクープしたインディン村での事件もある。この事件については、取材中だったロイター社のミャンマー人記者二人が、違法な取材活動を理由に警察に逮捕されたことで、国際的にも話題となった（のちに恩赦で記者は釈放）。インディン村での一〇人の村人の処刑についても、IIFFM、ICOEともにロイターの報道にかなり近い経緯があったと認定している。

インディン村で処刑される前のロヒンギャたち

ロイター/アフロ

　ミャンマー国軍による残虐行為ばかりに焦点があてられがちだが、ARSAによる民間人殺害も発覚している。マウンドー北部のカマウンセイッ村落区には、人口が七〇〇人に満たないヒンドゥー教徒の小さな村があった。八月二五日午前八時、全身黒ずくめで顔も布で覆ったAR

SAの戦闘員と動員されたロヒンギャたちが村を襲った。「おまえらはラカイン人と同じで異教徒だ」と言って、三〇人の子供を含む五三人の村人をその場で処刑したという。残りの村人は連れ去られた。隣村のヒンドゥー教徒四三人も連れ去られた。五三人の遺体は襲撃から一ヵ月ほどたった九月の末に地中から見つかっている。

国軍がこの事件をしばしば取り上げてARSAの残虐性を示そうとするため、事件が本当に起きたのかどうか疑われることもあるが、国際人権団体ヒューマン・ライツ・ウォッチも報告書を出すなど、事件があったことはほぼ間違いない。ARSAは公式声明では民間人は攻撃しないと繰り返していたが、実態は違った。

なお、襲撃事件後のARSAの組織と活動は以前よりもさらに不透明になっている。インターネット上での情報発信を通じて、難民キャンプ内での活動（帰還条件の主張や一部難民の組織化）は確認できるが、武装勢力としての活動は乏しい。国境でミャンマー、バングラデシュ両国の治安部隊に向けた発砲事件が散発的に起きる程度である。指導者の負傷・死亡で弱体化したという情報もある。ARSAが再びラカイン州で大規模な武装闘争を展開する可能性はいまのところ低いとされている。

掃討作戦はいつ終わったのか

二〇一七年九月一九日、国際的な批判が集まるなかで行われた演説で、アウンサンスーチー

破壊された村落　ロイター/アフロ

は、掃討作戦は九月五日以降には実施されず、武力衝突も起きていないと発言した。

しかし、そうだったとは思えない事実がいくつもある。たとえば、九月五日以降も難民の流出は続き、ラカイン州北部から火の手が上がっていたと報道されている。他にも、コックスバザールのキャンプにあるクリニックには、九月二五日まで銃で撃たれて負傷した人々の受診があったという。少なくとも九月の後半までは何らかの衝突があったようだ。

筆者自身が、九月五日直後に現地入りしたラカイン人に聞き取りをしたところ、九月五日以降に頻発したのは、主に無人となった村々でのラカイン人による村落の破壊だったという。もしこれが事実なら、ラカイン人の民兵などによる村落破壊は考えられているより広い範囲で起きており、同時に、警察と国軍は破壊行為を十分に取り締まら

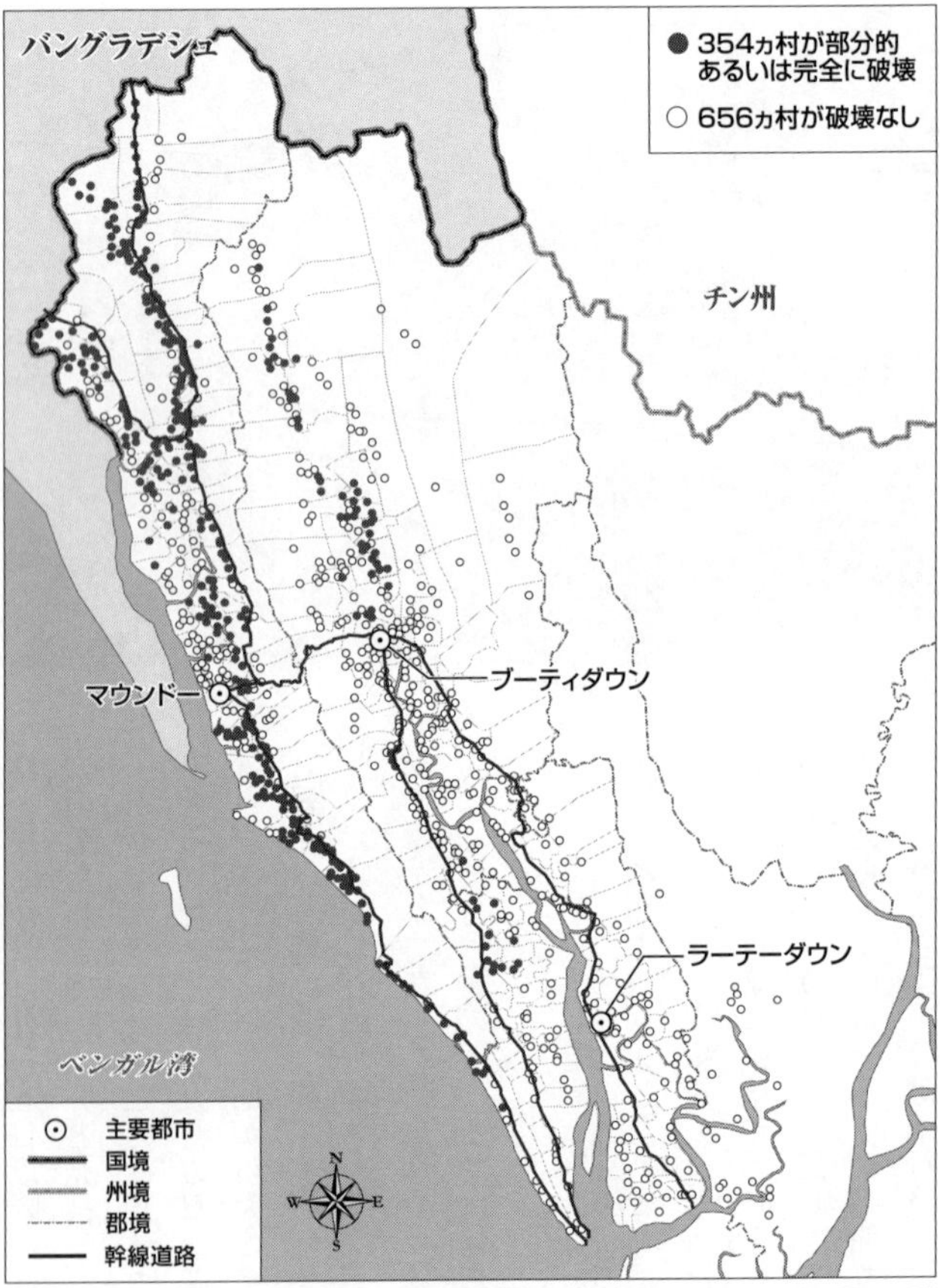

地図４－２　衛星写真で確認できる村落破壊（2017 年 8 月 25 日～12 月 20 日）

（出典）ヒューマン・ライツ・ウォッチの“2017-12-Asia-Burma-Destruction-Map”

なかったことになろう。衛星写真で確認できる村落の破壊は、地図４－２が示すように、主に幹線道路に沿って広範囲に渡っている。

犠牲者数について

すべての事例を合わせた犠牲者数について、ＩＩＦＦＭもＩＣＯＥもその数を割り出せるほど十分な調査を行えていない。両報告書が描く緊迫した戦闘の現場で、死者の数を正確に把握できた者は誰一人いないはずだからである。証言をもとにした推計には無理がある。

ＩＩＦＦＭは控えめに見積もった死者数として、一万人を挙げている。他方、ＩＣＯＥは、全死者数を推計するのに十分な客観的情報は得られなかったとして数を明示していない。だが、報告書で取り上げられた事例だけで、少なくとも二〇〇〇人程度の死者は出ているようである。

両報告書よりもまだ客観的に死者数を推計しようとしたのが「国境なき医師団」(Médecins Sans Frontières：ＭＳＦ）である。ＭＳＦが採った方法は、回顧的死亡数調査（retrospective mortality survey）と呼ばれるものだ。具体的には、調査対象となる各家庭の構成員に、八月二五日前後の二、三ヵ月間に死亡した親族の数を、家系図を書きながら示してもらう。その数に従って、八月二五日の前と後とで平均的な死亡数がどの程度違うのかを調べ、そこからこの軍事作戦に関連する死亡数を推計する手法である。

実際の調査は、二〇一七年一一月に難民キャンプの六ヵ所でランダムに選ばれた一五二九の家族（合計六七九九人）に対して行われた。結果は、少なくとも六七〇〇人が、八月二五日から九月二四日までに、何らかの暴力を理由にして、ラカイン州で死亡したというものであった（関連死も含めると九四〇〇人）。

この推計の正確さを評価する能力は筆者にはないが、主に難民の証言が根拠になっており、親族の実際の生死については未確認である点で信頼性に不安が残る。また、加害者は加害を過小評価し、被害者は被害を過大評価する傾向が一般的にはある。調査はそうした傾向が推計に与えるバイアスを十分に考慮していないようにみえる。

推計のどれが事実に近いとしても、数千の遺体がラカイン州北部の地中に埋まっていることだけは確かだ。そのほとんどがいまだに掘り起こされることなく、放置されている。川に流された被害者となると、遺体が見つかる見込みはまずない。

国際社会の反応

本章では、二〇一七年にラカイン州北部であった事件の中身について、現在わかっている限りの情報を整理した。警察・国軍施設への襲撃を主導したARSAだけでなく、ロヒンギャの一般村民に対しても大量殺戮を含む深刻な人権侵害があったことは、まず間違いないだろう。事件直後から国軍が繰り返してきた人権侵害行為はなかったという主張は、もはや維持できなくなっている。そのため、ミャンマー政府と国軍は、次第に主張を軌道修正し、人権侵害や戦争犯罪を認める方向に傾きつつある。

こうした変化は、一見すると、ミャンマー政府と国軍に向けられた国際的な批判や圧力の成果のようにみえる。だが、実際はそう単純な話ではない。複雑な国際政治の力学が働いていて、さまざまな利害関係者の駆け引きの結果である。では、いったいどういう駆け引きがあったのか。また、国際社会の圧力にミャンマー社会はどのように反応し、それがスーチーと国軍の危機への対応にどのような影響を与えているのか。次章でみてみよう。

第5章　ジェノサイド疑惑の国際政治——ミャンマー包囲網の形成とその限界

難民危機の発生直後からミャンマー国軍のジェノサイド疑惑が高まり、欧米諸国、国連、各種人権団体、そして国際司法機関が、ミャンマー政府・国軍に対する包囲網を敷いてきた。ミャンマー政府と国軍はそれに抵抗している。ミャンマー国内でも国際的な批判に対して反動的なナショナリズムが台頭しつつある。そうしたなかで、日本や中国は、欧米とは異なる外交姿勢をみせてミャンマーを動かそうとしてきた。ジェノサイド疑惑がもたらしている、こうした国際政治の動向とミャンマー政府と社会の反応をみていきたい。

1　アウンサンスーチー、法廷に立つ

国際司法裁判所

二〇一九年一二月一〇日、オランダ・ハーグの平和宮にある国際司法裁判所（ＩＣＪ）前に

ICJ法廷のアウンサンスーチー　AP/アフロ

車列が到着した。警察官と思しき黒のスーツを着た大柄の男性が、一台の車の後部ドアを開ける。なかからアウンサンスーチーが降りてくる。黒のジャケットにスモーキーピンクのシャツ、肩からも同じ色のショールをかけ、黒の伝統柄の入ったロンジーを巻いている。

この日、法廷では、ある訴えに関する公聴会が予定されていた。ある訴えとは、ガンビアがジェノサイド条約違反を理由に、ミャンマー政府を提訴していたのである。判決が出るまでの仮保全措置（provisional measures）をガンビアが求めたため、公聴会が開かれた。一日目にはガンビア代表団の弁論が行われ、二日目はミャンマー代表団の弁論で、スーチーの冒頭陳述も予定されていた。

通常、ＩＣＪの公判に出席する政府代表は、国の法務部門を統括する大臣や、重要職にある官僚が多い。しかし、ミャンマー政府側は実質的な国家元首であるスーチー自身が出廷した。ＩＣＪに出席することで注目を浴び、バッシングの対象になることも当然予想された。それでも出廷を決意したのだから、並々ならぬ覚悟がスーチーにはあったのだろう。

午前一〇時前に法廷に姿を現したスーチーの面持ちは、少しこわばっているようにみえた。

だが、一九四五年生まれの七四歳（当時）にしては、とても精悍《せいかん》な印象を与える表情だ。この法廷の様子は、ミャンマー国内でもテレビやインターネットを通じて同時中継されていた。スーチーの出廷が決まってから、ミャンマーでは支持者が各地で支持表明のデモを展開するなど盛り上がりを見せており、法廷での発言に注目が集まっていた。

裁判の背景

裁判の背景を説明しておこう。

二〇一九年一一月一一日に、ガンビア政府がＩＣＪにミャンマー政府を提訴する。提訴の理由は、ミャンマー政府がラカイン州のロヒンギャに対して、暴力行為を採用、実行、容認し、ジェノサイド条約に違反した、というものである。

ここで二つの疑問が浮かぶだろう。まず、ジェノサイド条約とは何か。次に、なぜ原告がガンビアなのか、ということである。

ジェノサイド条約は、一九四八年に国連総会で採択され、一九五一年に発効した国際法である。日本語の正式名称を「集団殺害罪の防止及び処罰に関する条約」という。締約国は一五二に及び、ミャンマーは一九五六年に批准している。ちなみに、日本は憲法や国内法の未整備を理由に加盟していない。

この条約は、ジェノサイドを防止する義務を加盟国に課す条約である。ジェノサイドの定義は「国民的、人種的、民族的又は宗教的集団を全部又は一部破壊する意図をもって行われた」、「(a)集団構成員を殺すこと。(b)集団構成員に対して重大な肉体的又は精神的な危害を加えること。(c)全部又は一部に肉体の破壊をもたらすために意図された生活条件を集団に対して故意に課すること。(d)集団内における出生を防止することを意図する措置を課すること。(e)集団の児童を他の集団に強制的に移すこと」となっている（第二条）。このジェノサイドをミャンマー政府が犯した、というのがガンビアの主張であった。

次に、ガンビアだ。日本人には馴染《なじ》みが薄いこの国は、西アフリカに位置し、ガンビア川の河口域を中心に東西に細長い国土を持つ。人口の約九〇%をイスラーム教徒が占める。ミャンマーと国交はあるものの、関係性は極めて薄い。そのため、ガンビアの原告としての適格性が争点になった。この点についてガンビアは、自らが紛争当事者ではないことは認める。だが、ミャンマーが条約締約国全体の利益を守る義務（国際法では対世的義務という）に違反しており、ガンビアも締約国である以上、原告としての適格性はあると主張した。

実際には、ガンビアの背後にイスラーム協力機構（Organisation of Islamic Cooperation：OIC）がある。OICは一九六九年に設立された、イスラーム諸国間の協力を目的とする国際機構である。サウジアラビアのジッダに本部を置き、二〇二〇年時点の加盟国は五七ヵ国。イスラーム諸国が加盟する最大の組織だ。OICは、二〇一八年五月に第四五回の外務大臣評議会会議をバングラデシュの首都ダッカで開催している。この会議で採択されたダッカ宣言で、ミャンマーのロヒンギャに対する深刻な懸念が表明され、ガンビアを議長として、ロヒンギャ問題を検討する委員会が設置された。この流れでガンビアがＯＩＣの利害を代表し、ＩＣＪに訴え出たことは間違いないだろう。

ガンビア、ミャンマー、それぞれの言い分

ガンビアは本件について独自の捜査を行う意思も能力もない。そのためジェノサイド条約違反を告発するための根拠は、前章でも参照した、国連人権理事会設置の独立国際事実解明ミッション（ＩＩＦＦＭ）が提出した最終報告書であった。

この報告書にもとづいて、先に触れたジェノサイド条約第二条の五つの行為すべてにミャンマーが違反したとガンビアは主張する。つまり、二〇一六年一〇月のアラカン・ロヒンギャ救世軍（ＡＲＳＡ）による最初の襲撃から、ロヒンギャという特定集団の全体、あるいは一部を、大量殺戮、性暴力、村落の焼き払いなどを通じて意図的に破壊しようとした、というのである。

ジェノサイド条約違反が適用されるには、実質的な行為だけでなく、行為を実行しようとする特別な意図がなければならない。この点も、ガンビアは、ＩＩＦＦＭや国際人権団体の主張をほぼそのまま踏襲している。すなわち、ミャンマー政府は、長年にわたってロヒンギャを弾圧し、反ロヒンギャ感情を生むプロパガンダを展開した。国軍最高司令官であるミンアウンフライン将軍が、ある訓示のなかで「ベンガル人問題はこれまで政府が解決しようと努力しなが

ら果たせなかった長年の課題である。現政府はこの問題を解決すべく細心の注意を払っているのだ」と発言したことが、ジェノサイドの意図を示唆するという。

こうした主張にミャンマーはどのように抗弁したのか。

法廷に立ったスーチーは冒頭に、ガンビアの主張が不完全で誤解を与える事実認識にもとづいていると述べた。そのうえで、ラカイン州での紛争がずっと複雑であるとし、植民地時代からの紛争の歴史に触れる。例として挙げられたのは、日本軍政下での仏教徒とムスリムとの間の衝突と、ラカイン奪還時のイギリスによるムスリムの動員である。

ガンビアが述べるジェノサイドの意図についても、仮説に過ぎないとスーチーは否定した。本質はラカインでの暴力的な紛争であり、そこで人権侵害があったのであれば、国際人道法や戦争犯罪として罪を問われるべきで、ジェノサイド条約違反には当たらないと抗弁した。また、すでにミャンマー政府は独立調査委員会（ICOE）を設置し、国軍も本件のための特別な捜査部門（後述）を設置して、国内での捜査や司法手続きを進めている。本件はあくまで国内問題であって、国際司法機関が介入すべきではないと続けた。

スーチーの冒頭陳述のあと、国際法学者などからなる弁護団による弁論が続いた。論点は、ジェノサイドの意図を裏付ける証拠の妥当性や、本件にかんする管轄権、ガンビアの原告としての適格性、仮保全措置の要件など多岐にわたり、いずれもガンビアの主張は十分ではないと反論した。そして、ミャンマーが難民の帰還や人権侵害の加害者を訴追すべく取り組んでいる以上、ジェノサイドの意図はない、とあらためて強調した。

スーチーはなぜジェノサイドを否定するのか

ICJでのミャンマー政府の反論は、海外メディアにはまったくといっていいほど響かなかった。冒頭陳述直後から、スーチーへの批判的な論調が広がる。そのほとんどは「スーチーがジェノサイドを否定した」と報じるものだった。

たとえば、イギリスの『タイムズ』(*The Times*)は、日本のどの新聞よりも辛辣《しんらつ》な論評を掲載している。「こんな反論をするために出廷する必要はないと誰かが彼女に言うべきだった。誰も指摘しなかった結果、彼女は人に顔向けできないような恥ずべき行為に、国際的な注目を集めることになってしまったのだ」

確かに、スーチーがジェノサイド条約違反を否定していることは間違いない。だが、注意が必要である。法廷で否定されたのは、国際法上のジェノサイドであって、一般的な意味でのジェノサイドではない。両者の意味は異なる。

多くの民間人がいっときに殺害されたり、あるいは、犠牲者が少人数であっても、犠牲者が民間人で、加害者が警察や軍隊など公権力であったりした場合、ジェノサイドという言葉が使われることがある。この言葉の使い方に多くの人は違和感を覚えない。ところが国際司法の場では、仮に一〇〇〇人の民間人が軍隊に殺害されたとしても、犠牲者が特定の集団に属していない場合や、その集団を狙う特別の意図がなければ、ジェノサイド条約違反には、これまでの判例をみる限りならない。

スーチーによるジェノサイドの否定は、この法的な文脈で理解する必要がある。スーチーが否定したのは、あくまで国際法上のジェノサイドであって、国軍による残虐行為の否定ではないのだ。

筆者にとって意外だったのは、この冒頭陳述で、暗に国軍による残虐行為を認めたことである。「国軍兵士が国際人道法をいくらか無視して行き過ぎた武力行使に及んだことを否定するものではない。また、彼らがARSAの戦闘員と民間人を十分に区別しなかったことも否定はしない。戦闘のあとで人がいなくなった村々で、(外から来た)民間人が村に残された財産を略奪したり、破壊したりする行為を阻止できなかったこともあったかもしれない」。遠回しな表現ではあるが、スーチーが国軍の軍事作戦についてここまで踏み込んだ発言をしたことはそれまでなかった。

もうひとつ変化があったのは、「テロリスト」という言葉の使い方である。従来のミャンマー政府の声明では、ARSAのあとに「テロリスト」という言葉が常套句《じょうとうく》のように連なっていた。これは、国軍の見解をほぼなぞったものである。また、ミャンマー政府はARSAをテロリスト団体に指定しているため、政府の立場に立てば当然のことでもあろう。

しかし同時に、批判を受けやすい表現でもあった。というのも、事件の犠牲者には武装勢力とは無関係の民間人が多く含まれているため、テロの脅威をことさら強調することは、そうした民間人への危害を隠蔽するための言い逃れともとれるからだ。現にスーチーは、シンガポールでの講演で「テロ活動の危険がラカインの人道危機をもたらす最初の原因で、テロの脅威はいまも続いている」と発言し、国軍の掃討作戦を擁護していると批判を受けていた。ＩＣＪの冒頭陳述でスーチーは、ＡＲＳＡをテロリストと呼ぶことはなく、「ＡＲＳＡの戦闘員」(ARSA fighters) という表現しか使わなかった。これまでのようなテロの脅威という観点からの反論はしなかったのである。

このように、ＩＣＪの法廷にスーチーが立ったことの意味は、この政府見解の軌道修正部分にあったように思う。ジェノサイドの否定と国内司法による責任追及といった根本的な主張に変わりはないが、大量殺戮をはじめとした国軍による戦争犯罪については、それがあったことを認めるようになった。

裁判の行方

今後の裁判はどうなるだろうか。

先例をみると、ジェノサイド条約の適用はかなり厳格に行われている。

ＩＣＪに付託された事件で、ジェノサイド条約が適用されたのはわずか一件である。旧ユーゴ内戦時に発生したスレブレニツァでのセルビア軍によるムスリムの集団殺害に関して、ボスニア・ヘルツェゴビナがセルビアを提訴した事件で、二〇〇七年に判決が出ている。判決までに一五年かかっているうえに、ジェノサイドの認定はなされたものの、被告であるセルビア政府に金銭賠償など具体的な義務が発生する判決ではなかった。

ICJ以外での適用事例としては、ルワンダ国際刑事裁判所が一九九八年に判決を出したルワンダのアカイェス元ダバ市長に対する有罪判決がもう一件ある。国際支援が入った国内刑事法廷も含めるなら、国連が支援しているカンボジア特別法廷（Extraordinary Chambers in the Courts of Cambodia）で、二〇一八年一一月に元クメール・ルージュ幹部二名（ヌオン・チアとキュー・サムファン）にジェノサイド罪が適用されている。

こうした適用事例の少なさを考慮すると、原告のガンビアに必ずしも勝機があるわけではない。しかも、ガンビアには独自の捜査や証拠収集の能力はなく、国連による今後の調査や、後述する国際刑事裁判所（International Criminal Court：ICC）の捜査に頼るしかない。

ICJの審理の内容がどのようなものになるにせよ、判決が出るまでに時間がかかるだろう。一〇年以内に判決が出れば早い方かもしれない。その間、ミャンマー政府に対するジェノサイド疑惑は続く。係争中であることでかかるミャンマーへの国際的圧力に効果があると、ガンビアやOICは考えているようにもみえる。もしジェノサイド条約違反が認められたとしても、ICJ自身が賠償のような具体的な責任をミャンマー政府に課す可能性は低い。だが、同条約が適用されると、一部の国々がミャンマーに制裁を課すことや、評判リスクが高まって海外からの投資が停滞するといった余波も予想される。

２　ミャンマー包囲網と日本・中国

ミャンマー批判の発展

ＩＣＪへのガンビアによる提訴は、ミャンマーに対する外交包囲網のひとつの到達点であった。そこで時間をさかのぼって、事件発生からＩＣＪ提訴までの展開をみてみよう。

序章でみたように、二〇一七年八月の事件発生直後から、ミャンマー国軍に対する強い批判が巻き起こった。その中心は常に国連機関だった。九月一一日、国連人権理事会第三六回会合で、ゼイド・ラアド・アル・フセイン人権高等弁務官は、以下のようにミャンマー政府を非難している。

> 現状を見る限り、民族浄化の教科書的事例のようである。……（こうした）現実を完全に否定する行為は、最近まで（他国の）善意から多大な利益を受けていたミャンマー政府の国際的な立場を大きく毀損《きそん》することになる。私は、同政府が現在の残忍な軍事作戦を終わらせるとともに、すでに起きたすべての違反行為への責任を果たし、ロヒンギャへの深刻で広範な差別を是正することを求めたい。

「民族浄化の教科書的事例」という表現は、このあとさまざまなメディアに取り上げられた。話題性をさらに高めたのは、ノーベル平和賞を受賞したスーチー政権下で事件が起きたからだ。人権と民主化運動の世界的アイコンと民族浄化とのギャップが関心を惹《ひ》くのは当然だろう。それだけに彼女への失望も大きかった。

高まる国際的批判を受けてスーチーは、襲撃発生から一ヵ月近くたった九月一九日に国内外に向けた演説を行った。九月五日時点で軍事作戦を停止したこと、難民の帰還を進めること、すべての人々から話を聞いて証拠にもとづいて対処すること、などを発表する。ビルマ語ではなく、英語で行われた演説は、外交団へのブリーフィングでもあった。だが、火消しにはならなかった。ゼイド人権高等弁務官が予想したように、このあと、ミャンマー政府の国際的な立場、なかんずく欧米との関係は急速に悪化していく。

背景には、国際人権団体の迅速な活動と提言がある。アムネスティ・インターナショナルやヒューマン・ライツ・ウォッチなどは、早い段階でミャンマー政府と国軍を非難する声明を出し、のちに、難民への聞き取りや衛星写真の解析を通じた詳細な報告書を発表している。各国政府では、イギリス、フランスの動きが早かった。イギリス政府は事件から一ヵ月もたたないうちにラカイン州での国軍の作戦に深い憂慮を示すとともに、国軍への教育訓練コースの中止を発表した。フランスのエマニュエル・マクロン大統領は、襲撃事件直後の九月の国連総会で、今回の国軍の行動はジェノサイドだと断じた。

欧州諸国に比べるとアメリカはしばらく状況を注視していたようにみえる。レックス・ティラーソン国務長官は、スーチーと国軍双方に人権侵害への懸念と国連への協力を求めるなど、当初は働きかけの姿勢をみせるにとどまっていた。しかし、人権団体や議会からの突き上げが強くなり、また、国務省の精査の結果が出たこともあって、事件から二ヵ月後には、国軍による「民族浄化」があったことは明白だと発表する。この段階で、欧米諸国政府の事件への評価はほとんど定まったといえるだろう。

国際司法機関の動き

次の段階は、国際司法機関による包囲網の形成である。二〇一八年八月に提出された国連IFFMの報告書では、国軍による掃討作戦中に、ジェノサイド（genocide）、人道に対する罪（crime against humanity）、戦争犯罪（war crime）、という三種の国際法上の犯罪が発生した可能性を指摘した。

ジェノサイドについては、根拠規定をすでにみたので、「人道に対する罪」と「戦争犯罪」とは何かをここでみておこう。現在通説となっている「人道に対する罪」の定義は、一九九八年に締約された国際刑事裁判所ローマ規程にある。その第七条によると、「文民たる住民に対する攻撃であって広範又は組織的なものの一部として、そのような攻撃であると認識しつつ行う」行為のことで、具体的には、文民（民間人）の殺害や、文民を絶滅させる行為、奴隷化、追放または強制移送、拷問、強姦《ごうかん》などを指す。

「戦争犯罪」は、戦時の犯罪に関する四つの条約からなるジュネーブ諸条約によって主に規定され、そのうち第四条約「戦時における文民の保護に関する一九四九年八月一二日のジュネーブ条約」が本件に関連する。同条約では文民に対する殺人、拷問、非人道的待遇、身体や健康に故意に苦痛を与える行為や、不法な追放、移送、拘禁、財産の広範な破壊などを禁止している。

これらの罪をミャンマー国軍が犯したのではないか、という国連機関の指摘を受けて、ICJと同じくオランダに本部を持つ国際刑事裁判所（ICC）が立件の準備を始めた。

ICCは二〇〇三年に設立された常設の国際刑事法廷である。「国際社会の全体の関心事である最も重大な犯罪」として、ジェノサイド、人道に対する犯罪、戦争犯罪、侵略犯罪の四つについて刑事裁判権を有する。日本など一二三ヵ国がローマ規程を締約している。

バングラデシュはICCの締約国であるが、ミャンマーはそうではない。そのため、ICCが、本件に関する管轄権、つまり捜査や審理を行う権限を有しているのかどうかが最初の争点であった。ミャンマー政府は管轄権がないと主張したが、二〇一八年の九月に管轄権は認められるという判断をICCの予審裁判部が下している。ミャンマーで始まった事件ではあるものの、ロヒンギャに対する移動の強制（ジェノサイド条約における犯罪行為のひとつ）が完結したのはバングラデシュであるという理由であった。このように、事件が完結した土地の帰属から管轄権を認めることを客観的属地主義と呼ぶ。その逆、つまり、ある国ではじまって他国で完遂した事件について、発生場所の帰属から管轄権を定める場合が主観的属地主義である。

管轄権の認定に続いて、二〇一九年一一月に、検察局の捜査開始が許可された。捜査許可の決定が審議される過程では、国連や人権団体などの報告書がもっぱら参照された。それらにもとづく限り、ロヒンギャのバングラデシュへの追放は、特定の集団に対して、民族的または宗教的、あるいはその両方の理由によって行使されたものだと信じるに足るため、こうした指摘が事実かどうかの捜査は妥当であると結論づけた。

このＩＣＣの動きに、本章冒頭で紹介したＩＣＪでの提訴が加わったわけである。いずれも、ＩＩＦＦＭの報告書の発表から流れができている。

ただ注意が必要なのは、国連人権理事会のミッションと刑事司法では、手法も目的も異なる、ということである。たとえば、人権団体は匿名を条件に証言を得るが、それは刑事司法では有罪を立証するためには効果的でない。

こうしたことはもちろん、国連人権理事会も理解している。そのため、ＩＩＦＦＭの報告書で収集された証言なども用いながら、訴訟に耐えうる証拠収集を行うべく、「ミャンマー独立捜査メカニズム」（Independent Investigative Mechanism for Myanmar）を、二〇一八年九月に新しく立ち上げた。代表は国際刑事司法分野で検察官としておよそ二〇年の経験を持つアメリカ人のニクラス・コウムジャンである。専門家による証拠の選別や収集、裁判所への提供を進めようとしている。

日本の対応

ミャンマー包囲網を敷く国際機関や欧米諸国とは対照的なアプローチを、日本や中国はとってきた。それぞれの動きをみておきたい。

まず、日本である。日本は、一九五四年の日本・ビルマ平和条約及び賠償・経済協力協定の調印以来、長らくミャンマーへの最大の援助国であった。一九六二年のクーデターを機に国を閉ざしていた軍事政権に対して、一九六八年から円借款《えんしゃっかん》、一九七五年から無償資金協力・無償技術協力を他国に先駆けて開始した。

一九八八年のクーデターと、その後の民主化勢力への弾圧を問題視し、欧米が制裁路線に動くなかで、日本はそうした動向とは一線を画してきた。とはいえ、二〇〇三年のディペイン事件（第3章参照）後のアメリカによる制裁強化の余波は避けられず、新規の経済協力を停止し、緊急性が高い人道的な案件や、農業、保険、教育分野の技術協力などに限って、援助を行ってきた。日本政府としては、やむなくミャンマーと距離を置いたところがある。

潮目が変わるきっかけが、二〇一一年の民政移管と、同年末のヒラリー・クリントン国務長官（アメリカ）によるミャンマー訪問だった。二〇一二年四月には、テインセイン大統領が来日し、日本政府は、日本との間の累積債務だけでなく、国際金融機関との債務処理も支援して、ミャンマーの国際経済への復帰を後押しした。

二〇一三年には安倍晋三《あべしんぞう》首相がミャンマーを訪問し、借款と無償資金・技術協力合わせて総額九一〇億円の支援を表明している。それ以降、日本のミャンマー支援は拡大。二〇一六年のミャンマーへの支援額は五一億米ドル（約五五〇〇億円）で、日本による支援の国別受入額としては、七番目の大きさであった。民間投資も製造業を中心にさまざまな分野で拡大した。ヤンゴン近郊に日本主導で建設されたティラワ経済特区は、製造業や流通の拠点として、中国やタイが主導する経済特区（チャウピューとダウェー）と比較すると、かなり成功しているといってよい。こうした良好な経済関係が再構築されるなかで起きたのが、ロヒンギャ危機であった。

二〇一七年の襲撃に対する日本政府の声明（外務報道官談話）は、ミャンマー政府と歩調を合わせるかたちで襲撃行為を強く非難するとともに、犠牲者に対し哀悼の意を示すものだった。喫緊の課題は、難民に対する人道支援であったため、事件発生の翌月には、ミャンマー、バングラデシュの避難民に対する四〇〇万米ドル（約四億五〇〇〇万円）の緊急無償資金協力の実施を決定。一一月には河野太郎《こうのたろう》外相がコックスバザールの難民キャンプを視察した。それに先立つバングラデシュとの外相会談時には、一八六〇万米ドル（約二一億円）の緊急支援が表明された。年明けには、河野外相がミャンマーを訪問し、スーチーと会談。新たに二三〇〇万米ドル（約二六億円）の支援を表明した。未曽有の人道危機に対して、まずは避難民の支援という観点から対応したものといえる。

だが、自然災害による避難民とは違う。流出の原因は紛争であり、ジェノサイドの疑惑もある。そのため、人道支援とともに、ミャンマー政府に対して「深刻な懸念」が伝えられている。事件直後の九月二一日には、ミャンマーを訪問した外務政務官がミンアウンフライン国軍最高司令官に直接、「深刻な懸念」を伝えている。一一月には安倍晋三首相からスーチーにその懸念が再び伝えられた。

続けて日本がミャンマーに求めたのは、事件の事実調査と、それにもとづく適切な措置であった。ミャンマー政府が設置した事実解明を役割とするICOEに、日本の元外交官である大島賢三が委員の一人として就任したことはすでに第4章で述べた。ICOE設立後は、両政府間の要人同士の会談で、繰り返し、このICOEの信頼性と透明性の確保、さらにその調査結果を踏まえた適切な対応の必要性が、日本から伝えられた。事実解明の努力を働きかけるという、人道支援と開発支援からひとつ踏み込んだ関与だった。

さらに興味深いのは、政府要人や丸山市郎・在ミャンマー日本大使が文民政権と国軍との亀裂を考慮して、スーチーら政権幹部とは別に、国軍最高司令官にも、事実解明とその後の措置を働きかけていたことである。国軍最高司令官と個人的に親しいといわれる笹川陽平《ささがわようへい》・日本財団会長（ミャンマー国民和解担当日本政府代表）も、国軍に働きかけた人物のひとりであった。日本が文民政権と国軍との仲立ち役を担っていたのである。

中国の対応

一方中国はどうか。

歴史的にミャンマーと中国との関係は、ビルマ語で血を分けた兄弟を意味する「パウッポー」（中国語表記で「胞波」）と表現される友好関係を維持してきた。一九四九年に中国で誕生した共産党政権を、非共産圏の国として最初に承認したのはミャンマーだった。ただ、友好関係の一方で対立の歴史も存在した。一九七〇年代まで中国共産党は武装闘争中のビルマ共産党を支援しており、ミャンマー国軍を悩ませた。また、ヤンゴンでは中国系の人々を標的にした暴動が幾度も起きており、植民地期以来の反中感情が根強く残る。

この両国関係が急速に深まったのが、二〇〇〇年代以降のことであった。軍事政権が国際的な孤立に陥るなかで、頼れるのは台頭する中国だけだった。中国のミャンマーに対する支援額（いわゆる援助だけでなく、投資も含まれている）は、二〇〇一年時点で二億米ドル（約二四二億円）だったものが、二〇一〇年には一三億米ドル（約一一四一億円）に達したといわれる。

ところが、民政移管後にミャンマー政府が欧米との関係改善に舵《かじ》を切ると、一時期関係が冷え込んだ。きっかけは、エーヤワディ川上流に建設予定だったミッソンダムの建設プロジェクトを、テインセイン大統領が二〇一一年九月に凍結したことである。

このプロジェクトは中国電力投資集団公司（現在は国家電力投資集団公司の一部）による三六

億米ドル（約三〇〇〇億円）の巨大プロジェクトだった。当初からダム建設の環境への深刻な影響が指摘され、地元でも反対の声が強かった。凍結は、テインセイン大統領が、中国と近い副大統領など一部の反対を押し切って決定した。中国政府は寝耳に水だったという。すでに四二〇〇万米ドル（約四〇億円）が投資されており、中国政府にとっては予想もしない出来事であった。この決定をきっかけに両国関係は冷え込み、要人の訪問も目に見えて減った。

二〇一六年のアウンサンスーチー政権発足で、ミャンマー・中国関係がさらに停滞するのではないか、そう思われたときに勃発したのがロヒンギャ危機であった。

中国はミャンマー政府支持を早期に表明する。危機直後の国連総会中に、中国政府はアントニオ・グテーレス国連事務総長に対し、ミャンマー政府の同危機への取り組みを支持する意思を伝えた。また、外部からの介入は機能しないこと、中国は内政不干渉を原則としていることも明言していた。国連総会第三委員会（社会・人道・文化について議論する場）や国連人権理事会でのミャンマーを非難する決議には、ことごとく反対票を投じている。投票を棄権した日本よりも強い意思表明である。また、拒否権を持つ国連安全保障理事会では、ロヒンギャ危機に関する声明案に介入した。たとえば、二〇一八年五月にイギリスが起草した声明をめぐって、人権侵害の責任追及をミャンマー政府に求める部分を削除するように中国が迫ったという。

こうした外交上の擁護に加えて、問題解決のための方針を中国は提案した。内政不干渉の原則よりは、一歩踏み出したものといえる。中国としても、この規模の人道危機にまったく関与しないわけにはいかなかったのだろう。というのも、ラカイン州は中国にとって重要な経済的利権がかかわっているからである。同州南部に、雲南《うんなん》省につながるガス・石油パイプラインの起点であるチャウピューがある。チャウピューには、中国主導の経済特区（Special Economic Zone）の開発も進行中である。中国の世界戦略である「一帯一路《いったいいちろ》」にとっても、ミャンマーとバングラデシュは重要な相手国だ。この地域の不安定化は同国の経済的利益に悪影響を及ぼしかねない。

そこで、二〇一七年一一月、王毅《おうき》中国外相とスーチーとの会談時に、中国政府は「三段階での解決」をミャンマー政府に提案した。三段階とは、ラカイン州北部での暴力の停止、ミャンマーとバングラデシュ両政府の対話を通じた難民帰還の促進、そして紛争の根本原因である貧困を撲滅するための経済開発、の三つである。ここには、人権侵害の事実解明や責任追及は含まれていない。

中国はこれを基本方針としながら、ミャンマーとバングラデシュ双方の政府に対して、難民と彼らの帰還のための支援を進めている。同時に、自身の影響力を行使して、従来から良好でない両政府の間を仲立ちする動きを見せている。二〇一九年八月には、希望者の帰還を早急に実現すべく、ミャンマー政府とバングラデシュ政府に強く働きかけた。

両国だけでは遅々として進まない作業も、中国政府からの要請であれば、ある程度動く。直後にミャンマー政府から三四五〇人のロヒンギャ難民のリストがバングラデシュ政府に提出され、そのリストにもとづいてＵＮＨＣＲが帰還希望の確認作業を行った。結局、希望者は現れず、帰還は失敗に終わったが、両国間の関係改善が帰還の鍵であることは明白だった。そのため、この帰還失敗の直後に中国は、難民帰還のためのジョイント・メカニズムを両政府とともに設置している。

こうしてみてくると、日本政府と中国政府の対応は、国際司法による圧力という手段をとらない点、また人道支援と難民帰還の実現を最優先とする点では、似ている側面があるといえる。だが、中国が人権問題や国軍の責任問題を実質的に棚上げにして難民帰還の促進に注力しているのに対して、日本は難民帰還の促進に加えて、ミャンマー政府と国軍自身による事実解明と責任追及を求めている。日本と中国、両政府間の協力関係は乏しく、それぞれの手段でミャンマー政府への働きかけを強めているのである。

3　ジェノサイド疑惑の国内政治

受け身のリーダーシップ

前述のように、ＩＣＪでのスーチーの冒頭陳述は、一方でジェノサイドを否定しながら、他方で国軍の戦争犯罪を認めた。それまで国軍と見解を共有してきた文民政権としては一定の方針転換だったといえる。これは些細《ささい》な変化にもみえるが、ミャンマー政治における国軍の存在感、文民政権との間の深い溝を知ると、その重みを感じることができる。

文民政府と国軍の溝は、軍事政権時代から続く両者の因縁もさることながら、現行の憲法がもたらす力関係に沿ったものでもある。

二〇〇八年憲法は、国軍に高い独立性を認めている。国軍の最高責任者は大統領ではない。国軍最高司令官である。その最高司令官の人事も、国軍関係者が過半数を占める国防治安評議会で決定されることになっている。

連邦議会の国軍代表議員たち　ロイター/アフロ

また、国軍は行政府、立法府にも強い影響力を持つ。閣僚のうち、国防大臣、内務大臣（警察と地方行政などを所掌）、国境開発大臣の三つのポストは、国軍最高司令官が指名した現役軍人を大統領が任命しなければならない。さらに議会も、連邦議会、地方議会、それぞれ定数の四分の一は国軍最高司令官が指名した国軍代表議員が占める。これらの国軍代表議員を通して、国軍最高司令官が立法過程に影響力を発揮できるばかりか、憲法改正の阻止も可能である（憲法改正には議会定数の四分の三を超える賛成が必要）。

こうした制度的な縛りがあるなかで、国民民主連盟（NLD）は二〇一五年の総選挙で大勝し、スーチー政権が誕生した。議会の過半数を獲得しても、国軍が同意しない限り憲法改正はできない。そのため、民主的な選挙で選ばれた文民政権と、文民統制とは無縁の国軍、これら二つからなる分断政府が生まれることになった。

分断政府下では、文民政権は慎重な政権運営を強いられる。スーチーは当初、国軍との関係を楽観的にみていた。国軍の協力なしには進まない、少数民族武装勢力との和平や憲法改正を政権の最優先事項に据えた。大方の予想通り、政権の調整能力の弱さと、国軍の面従腹背の前に苦労を強いられている。憲法は改正されることなく、和平交渉は前政権よりも停滞した。

現実の高い壁に直面してスーチーが選択したのは、国軍との対話や対立を避けるスタンスである。スーチーは国軍最高司令官と直接対話する機会を持とうとせず、日常的な政策課題でも、文民政権と国軍との間の調整が機能しづらい状況にある。国軍が文民政権の統制の外にあるため、スーチーは政権と国軍との関係悪化を避けることを優先したのであろう。受け身のリーダーシップだといえる。

分断政府であることを考慮すると、良し悪《あ》しは別として、受け身のリーダーシップにも合理性はある。ミャンマーでNLD関係者と話をすると、彼らが国軍との関係に非常に神経をとがらせ、常に最悪の事態（クーデター）まで想定していることを実感する。ロヒンギャ問題となれば、国軍との関係になおさら神経をとがらせるだろう。安全保障問題と国軍の責任問題にかかわるからだ。文民政権が口を出すことで何が起きるか予想がつかない。

民意と政治

ところで、スーチー自身はロヒンギャのことをどう思っているのだろうか。元イギリス首相のデイヴィッド・キャメロン（二〇一〇年から二〇一六年まで在任）の回顧録（*For the Record*）に、興味深い記述がある。

長く軍政下にあったビルマを訪問した。一九四八年の独立以来、英国の首相で訪問したものはいない。そして、民主化活動家のアウンサンスーチーと会った。……一五年間の軟禁のあと、この国を本当の民主主義に変えるなんて、素晴らしいストーリーになるだろうと感じた。しかし、二〇一三年一〇月に彼女がロンドンに来る頃には、皆の目が彼女の国のロヒンギャ・ムスリムに向かっていた。彼らは仏教徒のラカイン人に追放されたところだった。レイプ、殺人、民族浄化といった話で溢れていた。世界が注目しているよと彼女に伝えたところ、答えはこうだった。「彼らは本当のビルマ人ではないんですよ。彼らはバングラデシュ人よ」

筆者がスーチーの周囲から聞く情報と合わせて考えても、このキャメロン元首相の記憶は間違いではなさそうだ。かつてのスーチーはロヒンギャを「バングラデシュからの不法移民」だと考えていた。これはミャンマーではごく一般的な理解、そして誤解である。それを政権獲得前のスーチーも共有していたということだろう。

第1章、第2章でみたように、ロヒンギャの多くは、植民地時代にベンガル地方から移住した人々の子孫である。他にも、植民地期以前からラカイン州北部に住んでいたムスリムの末裔《まつえい》もいる。独立後に入国した不法移民や難民とみなされる人たちも含まれている。それぞれの割合がどの程度かについて議論の余地はあっても、全員が不法移民だということはありえない。

だが、ミャンマーでは定着している「不法移民としてのロヒンギャ」というイメージ、あるいは偏見が、民主制の下では重要な意味を持つ。ありふれたイメージは、たとえそれが誤解であっても、ときに民意となり、政治家の行動に影響を与えるからだ。なかでも、宗教のような、人の実存にかかわる争点について、政治家が支配的な通念に異を唱えることはリスクを伴う。国民からの反発で自らの政治生命を脅かしかねないからである。

ミャンマーのように、いまだ半分しか民主的でない国でも、世論の力に変わりはない。筆者が現地で選挙キャンペーンを調査した二〇一五年の総選挙のこと。ムスリムの候補者では選挙に勝てないということが、NLDを含む多くの政党で暗黙の了解になっていた。連邦議会、地方議会の選挙に立候補した一〇〇〇名を超えるNLDの候補者のうち、ムスリムは一名もいなかった。当時スーチーの名前で誰でも当選できるといわれていたが、ムスリムの候補者はその例外とみなされていたのである。なお、直近の二〇二〇年総選挙ではムスリムの候補者がNL

Dには二名いて、ともに当選している。

つかみどころのない民意。その民意を予想して行動する政治家。仏教徒の間で漠然と共有された反ムスリム感情を前に、それを刺激しかねない行動を政治家がとれるのか。スーチーが直面しているのはこの困難である。多数者の合意に優位を認める民主制では、少数者が抑圧される危険性が常にある。これを思想家アレクシ・ド・トクヴィルは「多数派の専制」と呼んだ。独裁者だからではなく、民主制下の指導者であるからこそスーチーのロヒンギャ問題での動きは受け身になっているといえる。

圧力を受ける国軍

一方で国軍の反応はどうだろうか。

二〇一七年の事件直後から、ミンアウンフラインは、ARSAを「ベンガル人テロリスト団体」だと認識し、その脅威に対抗するために愛国心が必要だとナショナリズムを煽った。また、ロヒンギャという名称についても、ロヒンギャはミャンマーに代々いたものではなく、植民地期には「ベンガリー」（ベンガル系）と呼ばれていた集団だ。ラカイン州に代々いた土着民族はラカイン人であって、そうした事実を曲げることはできない、といった発言をしている。さらに、宗教対立のロジックも持ち出す。一九四二年のラカイン州で仏教徒がムスリムに二万人殺害されているではないか、暴力的なのは我々ではなくムスリムである、といった具合だ。

ミンアウンフライン将軍
代表撮影/ロイター/アフロ

事件発生から約三ヵ月後に発表された国軍独自の調査でも、大方の予想通り、ジェノサイドはもちろん、国軍兵士による犯罪行為をいっさい認めなかった。国軍によると、襲撃に参加した「ベンガル人テロリスト」は六二〇〇人から一万人以上で、死亡した三七六人（政府・国軍関係者の死者数を除いた数）は、全員が「テロリスト」であって、民間人犠牲者は一人もいない、という調査結果だった。さらには、その「ベンガル人テロリスト」が、民族浄化や虐殺という嘘《うそ》の証言を難民キャンプで流布しているという憶断まで含まれていた。

この報告が発表されたのは、国際人権団体などの報告書がすでに発表されたあとだった。人権団体の報告書では、具体的な証言や衛星画像の解析を通して、国軍による人権侵害がいくつも告発されていた。さらに、インディン村で、国軍の部隊が一〇人の村人を処刑していたことがロイター社の報道などで発覚した。三七六人という死者の数、しかもそのすべてがテロリスト、という国軍の説明は説得力を欠いた。

のちに、インディン村の処刑について、軍規違反を理由に、兵士七人に除隊と懲役一〇年の刑を軍法会議が言い渡している。軍内での責任追及が進む動きとして注目されたが、その後の対応が問題だった。わずか一年足らずで、恩赦により全員を釈放したのである。

ミンアウンフライン将軍のフェイスブックアカウント

掃討作戦の責任者であった二名の国軍幹部（西部軍管区司令官と第三特別作戦室長）も、二〇一七年一一月に解任されている。軍法会議による処分ではないが、政治的な解任だとミャンマー内では受け止められている。だが、国際的には処分として通用しない。ＩＩＦＭの報告書には、人権侵害や戦争犯罪などの責任者として、ミンアウンフライン国軍最高司令官をはじめ、六名の名前が挙がった。いわば戦争犯罪の容疑者扱いである。

さらに思わぬところから国軍に圧力がかかる。インターネットがその舞台だ。フェイスブック社が、二〇一八年八月二七日に国軍関係者のアカウントを予告なく閉鎖した。これもまたＩＩＦＭの報告書が発端だとみられている。

ＩＩＦＭは、ミャンマーでのムスリムに対するヘイトスピーチを問題視し、ロヒンギャ弾圧の一因とみなした。そして、ヘイトスピーチ対策を十分に行っていないフェイスブック社に批判の矛先を向けたのである。批判を受けてフェイスブック社は、国軍関係者のアカウントを狙い撃ちにして閉鎖した。わかりやすい行動の示し方ではあるだろう。

閉鎖されたアカウントのなかには、ミンアウンフラインが二〇一二年に開設し、頻繁に更新してきた自身のアカウントも含まれていた。ミンアウンフラインは就任以来、歴代の国軍幹部の誰よりも外向的な面を見せ、そのひとつの象徴が、フェイスブックのアカウント開設だった。それだけに、この措置は屈辱的だったようだ。直後は怒りをあらわにしたと漏れ伝わる。その後、ロシア版フェイスブックといわれるフコンタクテ（VKontakte）にアカウントを開設したが、これも直後に閉鎖されている。

こうした流れのなかで、すでにみたような国際司法機関による責任追及の動きが強まったのだ。国際司法機関への対応では文民政権が矢面に立つが、彼らの真の標的は国軍だ。国軍幹部にはＩＣＣからいつ逮捕状が出てもおかしくない。

特別軍事法廷の設置

こうした圧力に国軍も対応しようとしている。二〇一九年三月、軍事法廷という特別な捜査部門を国軍は設置した（以下、軍法会議と区別しやすいように特別軍事法廷とする）。そして、ラカイン州北部での掃討作戦下で起きた人権侵害の捜査開始を発表する。その後、特別軍事法廷は、グーダーピン村での衝突を捜査し、二〇二〇年になって三人の兵士を処罰したと発表した。ミャンマー政府が設置したＩＣＯＥが二〇二〇年一月に提出した報告書をもとに、捜査対象となる村を選定し、現在も捜査と審理を続けている。

この特別軍事法廷が国軍関係者の責任追及と処分にどれほどつながるかはまだわからない。だが、外交面で国軍が期待していることは透けてみえる。おそらく国軍はこの特別軍事法廷が

ＩＣＣの捜査に影響を及ぼすことを期待している。それはどういうことか。

ＩＣＣは、捜査・訴追の対象となっている事件について、当事国に捜査や訴追を行う意思や能力がない場合にのみ、司法の機能を代替できる。この、国家の司法機能の不全があってはじめて補完的にのみ権限を行使できる原則を「補完性の原則」（principle of complementarity）と呼ぶ。ミャンマー国内で捜査や司法処理が進んでいれば、「補完性の原則」に抵触して、ＩＣＣの管轄権が疑問視されることになる。憲法の規定上、国軍は文民の司法府とは独立しており、軍法会議を通して自ら司法権を行使することになっている（第二〇条ｂ）。なお、軍法会議が司法権として独立していることは珍しくはなく、イギリスやアメリカも同様の制度を採用している。

つまり国軍が、長く極秘に運用されてきた軍法会議の情報をここにきて積極的に公表している背景には、ＩＣＣに軍法会議が機能していることを示す意図があるとみられるのだ。国際的な圧力をかわすための行動にもみえてくる。仮にそうでないにしても、文民統制のないなかで軍法会議がどこまで軍人の責任を追及できるのかについては疑問がある。幹部に追及の手が及ぶ可能性はまずないだろう。だが、国際機関の調査を受け入れないなかで、国軍の捜査や責任追及ができる場は特別軍事法廷や軍法会議しかないのも事実だ。評価は難しい。

ふたつの反動的ナショナリズム

ミャンマーの人々の反応はどうか。多様な反応があるため、単純化は避けるべきだが、概して、国際的圧力への反発の方が強くみえる。その反発は大きく二種類のナショナリズムの高揚につながっている。

ひとつは、スーチー支持型のナショナリズムである。たとえば、本章の冒頭で紹介したＩＣＪ裁判前後には、彼女への支持を表明する集会や行進がヤンゴンやマンダレー、その他の都市で開催された。多くの会場では「我々はスーチーとともに」（We Stand with Daw Aung San Suu Kyi）と英語で書かれた横断幕が掲げられた。こうした集会は、ＮＬＤ関係者が組織化し、一般市民や僧侶が加わったものである。サッカーのナショナルチームが臨む海外での試合を応援するような雰囲気が感じられた。

民間の新聞・雑誌も、スーチーを批判するものはまずなかった。たとえば、主要紙のひとつである『ヴォイス・デイリー』（*The Voice Daily*）は、冒頭陳述の翌日に「紛争をより悪化させる判決をＩＣＪが出さぬようにアウンサンスーチーが訴える」と見出しを打ち、好意的に報じた。

もう一方で勢いを増す動きが、仏教ナショナリズムである。こちらはスーチーやＮＬＤに対して批判的で、国軍や保守系の野党勢力との親和性が高い。さらには仏教色がより強まって、反イスラーム的な傾向をみせる。第3章で説明したように、この動きは二〇一一年の民政移管後に活発化していたが、ロヒンギャ危機とその後の国際社会の批判が勢いづかせている。

この仏教ナショナリズムで常に鍵となるのはカリスマ僧の存在である。第3章ではウィラトゥ師を紹介したが、ここではもうひとり大物の僧侶の例を挙げよう。

ティータグー僧正という僧侶がいる。自身の僧院をミャンマー北部のザガインに持ち、上座部仏教の国際布教にも熱心な僧侶だ。その権威と説法の人気という点ではミャンマーでも随一といっていいかもしれない。そのティータグー僧正が二〇一七年のロヒンギャ危機発生から間もない一〇月三〇日、カレン州にある国軍の訓練校で軍人たちに説法を行った。その内容は非仏教徒の殺害を正当化するものだった。

ティータグー僧正　AP/アフロ

同僧正は名うての説法師である。ウィラトゥ師のように、露骨にムスリムを敵視するような「品のない」説教はしない。同僧正が持ち出したのは、スリランカで五世紀に仏教僧侶が編んだパーリ語の叙事詩『マハーヴァンサ』（*Mahavamsa*）である。この古典はミャンマーでも僧侶の説教でしばしば登場する。

この叙事詩の第二五章に、スリランカの王であるドゥッターガーマニが思い悩む場面がある。自身が引き起こした戦争で多くのタミール人（主にヒンドゥー教徒）を殺害したことを王は気に病んでいた。そこに八人の阿羅漢《あらかん》（悟りを開いた僧）が訪れる。彼らは王に対して、王よ、悲しむ必要はないです、と説く。王の軍隊が殺害したタミール人のうち、仏教の三宝に帰依するものは一人、仏教に帰依はしないが五戒を守っていた者が一人です。この、一人と半分の人間を、王は殺したに過ぎません。残りは不信心者と邪悪な者どもで、そうした者たちの死は悪業（仏教上の悪い行い）にはなりません。だから心配しないでください。そう阿羅漢たちが告げると、王の心は安らかになったという。

この説法の目的が、二ヵ月前に起きたラカイン州での掃討作戦と、ロヒンギャに対する国軍の行動の擁護であったことは明らかだ。しかし、巧妙にも、「これは自分がいったのではなく、スリランカの僧侶がいったんだからね」とティータグー僧正は付け加えた。そして最後には、「兵士のみなさんはこうしたことを心にとめて、軍務に励んでほしい」と締めくくっている。軍事政権時代から一般の人々に広く支持されてきた有名な僧侶だけに、国軍の兵士を支持するメッセージには賛否両論が巻き起こった。

他の例を挙げると、筆者が現地で参加したことのある右派勢力の集会は、国軍の支援団体が主催したもので、二〇〇〇人から三〇〇〇人がヤンゴン市街の広場に集まっていた。まず、ウィラトゥ師からのメッセージを司会が読み上げ、その後、元軍人、右派の知識人、反イスラーム的な仏教徒団体である民族宗教保護協会（マバタ）の僧侶が次々に壇上に上がった。国家主権を護る国軍を称《たた》える一方で、政権や少数民族武装勢力、元学生活動家たちを批判していた。

主賓席には、かつての独裁者ネーウィンの孫で集会のスポンサーであるエーネーウィンが座っている。保守系政党のバッチをつけた関係者の姿も散見された。

ロヒンギャ危機とその後の国際的圧力が右派の諸勢力が仏教ナショナリズムのもとで結集する理由を与えている。

第二次スーチー政権へ

こうみてくると、外交と国内社会との相互作用がとても複雑なことがわかるだろう。スーチーがロヒンギャ危機後、国軍に対して強い態度には出ていないことは事実である。両者が歩調を合わせているようにみえるときすらある。だが、ミャンマー国内をつぶさに観察すると、構図がずいぶんと違ってみえる。国際的には批判を受けているスーチーのこれまでの言動は、消極的ではあるにせよ、国内の現実的な選択肢を踏まえた穏健なものと理解することができる。強硬な国軍とはことを構えず、同時に、より急進的で反イスラーム的な主張にも流されない。この受け身のリーダーシップは、国内政治勢力のバランス感覚の結果として生まれている。

この姿勢はミャンマー国内では功を奏し、二〇二〇年の一一月総選挙でＮＬＤは再び勝利した。前回選挙の獲得議席を上回る大勝であった。議席の四分の一を国軍代表議員が占める連邦議会で、残りの議席の八割以上を獲得して単独過半数を維持した。野党第一党で、テインセイン時代の与党だった連邦団結発展党は議席数を減らした。ＮＬＤによる一党優位がより強固さを増したといえる。ロヒンギャ危機がスーチーや同党への国民の支持に影響を与えることはほぼなかったといえそうだ。

では、第二次スーチー政権下でロヒンギャ難民の帰還は進むのか。また、日本はどうするべきなのか。終章で検討したい。

終章　危機の行方、日本の役割

ロヒンギャ危機がなぜ、そしてどのようにして起きたのか。その余波が世界にどう広がっているのか。なぜ解決が難しいのか。こうした点を本書では、歴史的背景の考察も踏まえて検討してきた。終章では、危機の行方と日本の役割を考えたい。難民帰還はどうなるのか、平和の実現には何が必要とされているのか、そのなかで日本の果たせる役割は何なのか。早期の解決は難しいが、少しでも前向きになるための方向性を示すことができればと思う。

1　難民帰還を阻む要因は何か

いま、難民の帰還が最も重要な課題であることに異論の余地はないだろう。ミャンマー政府とバングラデシュ政府との間には、帰還プロセスについて合意がすでにある。国連機関による帰還プロセスへの関与についても覚書が結ばれている。

これまで二〇一八年一一月と二〇一九年八月の二度にわたって、ミャンマー、バングラデシュ両政府は帰還の開始日を設定し、UNHCRが帰還希望者に意思を確認した。だが、ミャンマーに戻ることを希望する難民は現れなかった。難民の流出から約三年半がたった現在も、帰還はまったくといっていいほど進んでいない。

なぜ難民帰還は難航しているのだろうか。

(1) 国籍問題

第一の理由は国籍問題である。現在の難民帰還プロセスは、流出前の原状回復を基本的に目指すものだ。つまり、流出前にミャンマーに居住していたものであれば、帰還とその後の在留が認められる。だが、帰還しただけでは国籍を取得できない。そのため、仮に帰還してもロヒンギャの法的地位が不安定であることに変わりはない。

当たり前のことだが、難民は帰還後の自身の生活を予想したうえで帰還するかどうかを決める。ただ故郷だからといって戻るわけではない。彼らにとって帰還後の法的地位は、自身の身の安全にもかかわる重大な関心事だ。無国籍の立場に戻るくらいなら、難民キャンプでの生活を選ぶものも多いだろう。

ミャンマー政府も、これまでロヒンギャの無国籍状態を放置してきたわけではない。民政移管直後から、ロヒンギャに対して在留を認める証明証の発行や、国籍申請を受け付けてきた。

だが、制度は朝令暮改で安定せず、現場では手続きの遅滞や、不当な賄賂の要求が横行するなど、混乱が続いてきた。

現在は、国民審査カード（National Verification Card：NVC）が発行されている。NVCは、国籍審査中であることを証明し、その間の在留権を実質的に認める書類である。しかし、取得に二の足を踏むロヒンギャも多い。仮にNVCを取得しても、それが将来の国籍取得につながるのか不透明であるうえに、NVCだけでは国内移動の制限など種々の不自由が残るからだ。UNHCRも、国籍取得への筋道を示すことを提言しているが、国籍審査の迅速化や、事実上の在留権付与のような移行制度はうまく機能していない。

さらに、早急な国籍の付与を求める声がロヒンギャの諸団体や人権団体の間で高まっている。そのなかには、国籍に加えて土着民族（タインインダー）としての認定を訴えるものも少なくない。第2章でみたように、現行の一九八二年国籍法では、仮に国籍が与えられても、パキスタン系、ベンガル系などの「帰化国民」とされて、権利が制限されるからである。

だが、ミャンマー政府が、ただちに帰還者全員に国籍を付与する可能性は極めて低い。不法移民に国籍を付与してしまうことへの警戒感が消えないからである。土着民族としての認定となると想像することも難しい。第2章でみたように、土着民族という概念はミャンマーの国民意識の根幹にかかわる問題で、妥協することは容易ではないからだ。ましてや、ロヒンギャの要求に従うかたちで国籍法と民族分類を改正するとなると、仏教徒たちの抵抗は強くなり、実現はいっそう遠のくだろう。

(2) 帰還後の支援への不安

第二に、帰還後の支援への不安である。帰還後に住む家をどうするのか、どのように生計をたてるのか、子供の教育はどうするのか、村落自治をどう立て直すのか。焼失した村も多く、家屋が残っていても竹材の家がほとんどで、長く人が住まなかったため使いものにはならない。田畑の荒廃も進んでいる。生活再建には何年も要するだろう。

現在ミャンマー政府は、帰還者用の住宅整備や、道路などの各種インフラ整備、現居住者への保健サービスの提供など、ラカイン北部の復興を進めようとしている。だが、難民たちが抱く将来への不安を払拭するまでには至っていない。それどころか、村落破壊の十分な調査もしないまま、再定住用の住宅などを建設しているため、軍事作戦の証拠隠滅の疑いや、ロヒンギャの土地所有権の侵害疑惑すら取り沙汰されている。

これから難民の帰還を進めるには、帰還後の生活について、支援の量と質を大幅に向上させなければならない。資金、人、透明性の確保も必要である。おそらくミャンマー政府だけでは対応に限界があるだろう。いま以上に、国際機関、内外の非政府組織(NGO)などの協力がなければ、復興は進まない。だが、国際社会での一連のミャンマー包囲網のために、政府はすっかり「国際社会嫌い」になってしまっている。

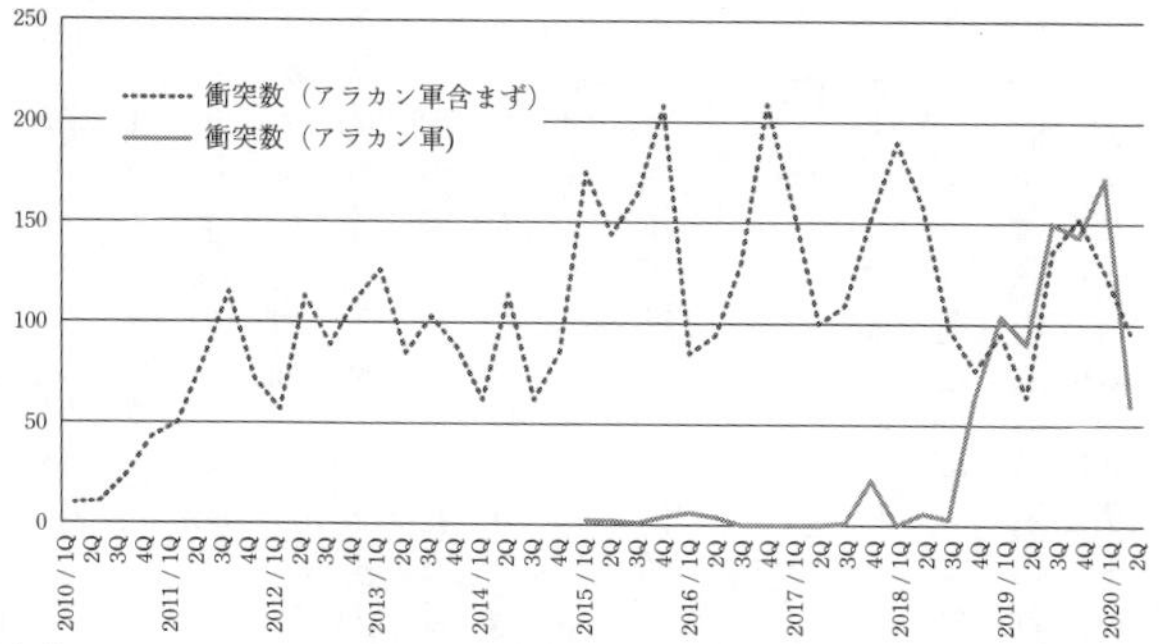

図表終－1　ミャンマー国軍と武装勢力との衝突数（2010年～2020年、四半期ごとに記載）

（出所）The Armed Conflict Location & Event Data Project のデータベースから作成

（3）治安の急速な悪化

帰還後のロヒンギャの生活を脅かす要因には、治安の悪化もある。ラカイン州ではいま、国軍とアラカン軍（Arakan Army）との戦闘が頻繁に起きている。

図表終―1は、「武力紛争勃発地・出来事データプロジェクト」（The Armed Conflict Location & Event Data Project）のデータベースを利用して、二〇一〇年から二〇二〇年までの過去一〇年間に起きたミャンマーでの武力衝突の数を示したものである。二〇一八年末から、国軍とアラカン軍との衝突が増えていることがわかる。いまや、ミャンマー内で起きる武力衝突の約半数は、ラカイン州で起きているのである。

この治安悪化を受けて、二〇二〇年三月、ミャンマー政府はアラカン軍をテロリスト団体に指定した。テロリスト団体に指定されたのは、アラカン・ロヒンギャ救世軍（ARSA）に続いて二つ目である。ただし、アラカン軍とARSAとでは、組織の性質がずいぶんと違う。アラカン軍は、二〇〇九年に中国と接するカチン州の国境の町ライザで生まれた。結成したのはラカイン人の若者たち二六人と、現在の司令官であるトゥンミャッナインであった。もともとは小さな組織だったが、二〇一〇年代半ばから、組織とその活動範囲を拡大していった。連邦政府や国軍に対するラカイン人の不満の受け皿にもなって、支持と多額の寄付を集めることに成功したという。現在、約一万人の兵士を抱える一大勢力に成長した。

トゥンミャッナインによると、アラカン軍が目指すのは、ラカイン州を自治州に格上げし、ラカイン人の手に統治権を取り戻すことである。ロヒンギャに対してアラカン軍は、今のところ敵対的な姿勢を示していないが（国際的な批判を受けないために自重しているという話もある）、このまま治安悪化が続けば、難民帰還への悪影響は免れないだろう。

（4）ロヒンギャとミャンマー政府・仏教徒との間の相互不信

最後が、ロヒンギャとミャンマー政府、仏教徒との間の相互不信である。ロヒンギャが抱くミャンマー政府と国軍、また、ラカイン人をはじめとした仏教徒に対する不信感は根強い。この不信感は歴史的に蓄積され、二〇一六年、二〇一七年の衝突が決定打になった。独立から一〇年ほどのわずかな期間を除けば、ロヒンギャは自分たちの代表を政府や議会に得た経験がない。ロヒンギャはもとより、ムスリムが公務員になることも非常に希《まれ》だ。長年差別されてきた彼らにとって、政府が自分たちの統治機構だという実感はないだろう。

さらに、ラカイン州における宗教コミュニティ間の不信もある。二〇一二年のコミュナル紛争勃発以降、特にラカイン州では、ロヒンギャとラカイン人との分離が進んだ。ロヒンギャが難民になったことで分離した地域もあれば、両者がともに暮らしていたのに、紛争後に接触が減ってしまったコミュニティもある。筆者が聞く限りでも、二つのコミュニティそれぞれで同調圧力が高まっており、それまでラカイン語を話していたロヒンギャも、仲間からの非難を恐れてラカインの言葉を話さなくなっている。ラカイン人の事業主も、同じラカイン人からの目を気にして、ロヒンギャの雇用を控えているという。

こうしたコミュニティ間の不信と分離が続けば、新たな争いを予想して、帰還を決断できない難民たちがいても不思議ではない。

2　日本の役割を考える

理想主義と現実主義とのバランス

難民帰還を阻む要因をみてくると、ロヒンギャ危機とその解決は、ミャンマーの平和構築にかかわる問題であることがわかる。では、難民の帰還と、ミャンマーの平和を実現するために、日本が果たせる役割とは何だろうか。

いま、国連や欧米中心の国際社会は、ミャンマーに対して強硬な手段で臨んでいる。その目標を要約すれば、以下の三点になるだろう。

①難民の帰還・国籍付与・国際機関主導の復興　帰還希望者に国籍の付与を約束するとともに、国籍法も改正する。帰還者の受け入れ体制を整えるべく、村々の復興とムスリムと仏教徒との間の和解を、国際機関が中心となってミャンマー政府とともに進める。

②責任追及と処罰による和解の推進　国軍などが犯した国際法違反や人権侵害に関して、ミャンマー政府から独立した機関が捜査し、犯罪行為にかかわった者の責任を国内外の司直の力で追及する。そうすることで、正義の貫徹した公正な社会関係を生み出す。

③再発防止のための制度改革　同様の紛争を繰り返さないように、少数者に配慮した民主的な政治制度の構築や武装勢力との和平、さらに文民統制を確立すべく、国軍を含めた治安セクターの改革を推進する。

これらは、リベラル・ピース（Liberal Peace、自由主義的平和）の立場に立った正論である。リベラル・ピースとは、自由で民主的、そして法の支配にもとづく世俗的な国家と、国家を牽《けん》制《せい》するとともに自治的な機能も果たす市民社会、さらに文民政府の管理下にある軍隊、そして市場経済の発展のある平和のことである。これに、過去の人権侵害に対する司法的解決を加えてもよいだろう。平和構築における理想像がリベラル・ピースなのである。

日本は、主に二〇〇〇年代から、海外支援のひとつの柱に平和構築活動を位置づけてきた。しかしながら、リベラル・ピースとは一定の距離をとり、より現実的な安定の実現と長期的な発展を視野に入れた経済開発、人材育成を重視してきた。

一九九〇年代から活発化した国連の平和構築活動も多くの批判にさらされ、現在では現地社会の支援に徹する「ローカル・オーナーシップ」（Local Ownership）が原則になっている。だが、ミャンマーに対しては、リベラル・ピースを目指すアプローチが依然として強く、その多くが正論ではあっても、実現する可能性が低い。実現しないどころか、理想を求めてミャンマー政府を責め立てれば責め立てるほど、膠着《こうちゃく》状態に陥る。そうなれば現状追認とさして変わらない。理想と現実とが折り合えない事態に我々は直面しているのである。

では、どうするか。

国際政治における理想主義と現実主義の関係について論じた名著に、エドワード・H・カーの『危機の二十年』がある。そのなかでカーは、理想主義と現実主義との相互補完的な関係を指摘している。

リアリズム（現実主義）が、ユートピアニズム（理想主義）の繁茂するさまを抑える矯正のはたらきとして必要とされる段階があるのであり、同じように他の時点ではユートピアニズムが、リアリズムのもたらす不毛な結果を防ぐために呼び出されなければならないのである。

現実主義と理想主義は、状況に応じてお互いを必要とする。出版から八〇年がたった現在も、この考え方は有効だろう。ロヒンギャ危機の現段階は、現実主義を理想主義の矯正のために持ち込む局面だと思われる。リベラル・ピースを原則としつつも、まずは現地社会の安定を生むために、現実主義的な関与が必要なのである。

踏まえるべき前提

事態の打開を目指し、現実的な手段をもって関与するには、現地の状況の複雑さや特異性を踏まえる必要がある。本書で整理した危機の背景と特徴を踏まえると、日本が関与するために、いくつかの前提があることがわかるだろう。六点挙げておこう。

第一に、ミャンマーは破綻国家ではない。弱いながらも、国土の大半を実効的に統治し、主権を貫徹しようとする国家が存在する。この国家には、自身の意思に反する外部からの関与を拒絶する意思と能力がある。

第二に、ミャンマーは民主化途上の国である。民主的に選ばれた文民政権は、国軍との関係をとても危ういバランスの上で管理している。なかでも安全保障分野は国軍が掌握しているため、文民政権の権限には限界がある。

第三に、国連IIFFMが提言するような、司法を通じた処罰やミャンマーへの制裁を求める圧力は、効果を生まないどころか、国内の諸勢力の反発を生み、逆効果、すなわち人権状況の悪化につながりかねない。

第四に、ミャンマー政府と国連、欧米諸国との関係が安定していない。国軍はもとより、文民政府も国際社会に対する不信感を募らせている。他方で、隣国でもある中国は内政不干渉を貫き、ミャンマー政府を擁護、支援する姿勢を示している。

第五に、バングラデシュ政府は、二〇一七年のロヒンギャ難民の避難時には門戸を開放したものの、難民たちが長く国内にとどまることは望んでいない。先進国も含めて第三国へ移住できる可能性も現状では極めて薄い。

第六に、東アジア全体の経済発展を背景に、ミャンマー経済の先行きは比較的明るい。新型コロナウイルス問題で世界経済に不透明感が広がる前までは国際金融機関による経済成長予測は軒並み六%を超えるものであった。アジア開発銀行（Asia Development Bank）は、新型コロナ禍で一時的に経済が落ち込んだあと、二〇二一年には六%台に成長率が戻ると予測している。

これらのことを考慮すると、ミャンマーには、国際介入が効果を発揮しにくい条件があるといえそうだ。弱いながらも国家は機能していて、種々の欠点を抱えてはいるが、自由民主主義の定着や市場経済のもとでの発展を望んでいる。現在の指導者は、強い求心力のあるアウンサンスーチーである。スーチーは一面で保守的であり、また、消極的な姿勢や権威的な顔もみせるが、基本的にリベラルな志向の持ち主で、何よりも、そのカリスマで文民勢力に一定の統合をもたらし、国内世論を形成することができる。

要するに、ミャンマー政治は不安定ではあっても、決して独裁化や全体主義化の途上にあるわけではないのだ。国軍は依然として内向きで、国民に対して権威的な姿勢を見せることもあるが、文民政権まで内向きにさせるのは百害あって一利なしだろう。ミャンマー政府を、国軍も含めて国際社会につなぎとめ、難民の帰還と和解を実現する内発的な動機が生まれるように支援する必要がある。

ミャンマー政府に対して、働きかけと支援を通じ、ロヒンギャの包摂、つまり、難民の帰還とミャンマー国民としての受容を促すことが、日本にとって最良の選択だと思われる。

現実を変える関与のために

日本政府の対ミャンマー政策には「二枚舌」という批判がつきまとってきた。軍事政権とも付き合い、民主化勢力とも付き合うという姿勢が、原則を欠く矛盾した行動にみえたのである。今度は、ロヒンギャ危機をめぐって、別の「二枚舌」が批判されている。表向きは自由民主主義国として振る舞いながらも、実際には、開発支援と人道支援に注力して、民主主義や人権問題を後回しにする消極的な外交姿勢にみえるからだ。

たしかに、人道支援と経済開発に注力する方が、内外に敵をつくりやすい人権問題や安全保障を含む政治問題にかかわるよりも安全であろう。経済発展があってこそ民主主義が可能になるという、日本では根強い「衣食足りて礼節を知る」型の発展モデルにも適合的である。だが、グローバル化のなかで、開発重視の外交姿勢だけでは不十分になりつつある。

ひとつに、経済開発を進めても、発展に不公平が生じてしまうと、紛争は軽減されず、むしろ広がってしまうからだ。これは内戦に関する学術研究でも確認できる知見である。格差の是正は市場経済だけでは限界があり、政治的な不公正や不平等は単純な多数決主義では解決しない。政治制度の改革や再配分政策と切り離せないのである。

もうひとつに、法令遵守（コンプライアンス）を含む「企業の社会的責任」（Corporate Social Responsibility：ＣＳＲ）の問題がある。企業に法的、倫理的責任を求めるＣＳＲは、いまや利益獲得とならんで現代企業の果たすべき義務になっている。たとえ投資先が海外であっても、人権侵害に加担するような事業や投資は問題視されるため、政治問題や社会問題を軽視することはビジネス上のリスクに直結する。現に、ミャンマー国軍所有の企業と合弁で事業を行っている日本企業が国際人権団体からの批判を受けており、人権問題がもたらすビジネス上のリスクが表面化している。

経済開発を重視する観点からいっても、人権問題、政治問題は、もはや無視できないのである。以上を踏まえて、日本の果たすべき役割について原則を五点示したい。

（1）人道支援と帰還プロセスの支援

日本がミャンマー政府やバングラデシュ政府にどれほど働きかけても、一〇〇万人の難民帰還は容易に進みそうにない。数年単位での解決は無理かもしれない。長期化を見据えて、その間、コックスバザールのキャンプにいる難民たちが生活を維持できるような人道支援を継続すべきであろう。また、支援は、ミャンマー国内の避難民（ロヒンギャもラカイン人も含む）にも提供する必要がある。バングラデシュからの帰還が進まないようなら、まずは国内にいる難民たちの日常への復帰を支援し、それがうまくいけば、バングラデシュにいる難民に帰還を促す呼び水になるかもしれない。

すでにみたように、帰還プロセスにおける最大のネックは、国籍問題と帰還後の受け入れ体制である。国籍については、前述のように、すでに政治化して立場が分かれてしまっている。ロヒンギャを土着民族とするかどうかは棚上げし、まずは現行法にしたがって迅速に国籍を付与することが望ましいと考えるが、こうした妥協点を探るのも難しい状況にある。

帰還後の受け入れ体制について、この三年間でよくわかったのは、ミャンマー政府だけでは限界があるということだ。国際機関の支援は不可欠だろう。だが、国際社会に対するミャンマー政府の不信感が協力体制の構築を阻害している。ラカイン州で国連機関や、国内外のNGOがいま以上に活動できるよう、日本が調整役になることが望ましい。

(2) 国内司法による事実解明と責任者訴追への働きかけ

国際社会の圧力への対応と、日本政府の強い要請もあって、国軍は、二〇一七年のラカイン州での掃討作戦に関する独自の捜査と軍法会議を続けている。実際に処分を受けた国軍兵士もいるが、依然少数にとどまる。また、軍法会議での審理の中身や判決内容は透明性に欠けており、国軍がその責任を十分に果たしているとはいえないだろう。

民間人によるロヒンギャへの人権侵害の責任追及になると、さらに進展は乏しい。政府が捜査を指揮するための委員会をつくったものの、警察の捜査が進んでいるようにはみえない。これらの国内司法機関による責任追及の動きをより早めるように働きかけ、場合によっては支援する必要がある。

また、司法を通じた正義の貫徹だけが和解の手段ではない。それが十分に機能しない場合には、恩赦と組み合わせた事実解明や、被害者の名誉回復、経済的な補償、加害者による謝罪など、世界にはこれまで試みられてきたいくつもの先例がある。だが、そうした先例について検討する雰囲気がミャンマーにはまだない。ミャンマー政府が自ら和解の方策を模索するような提案を日本がすることも必要だろう。

(3) ラカイン州開発のための開発支援

ラカイン州の紛争の背景に貧困があることは疑いようがない。貧困が紛争を引き起こし、紛争が貧困を引き起こす、いわゆる「貧困と紛争の罠《わな》」(poverty-conflict trap) は、ラカイン州を独立以来苦しめてきた。長期的な視野から同地域の経済開発を支援することは、これまでも日本が力を入れてきたことであり、今後も積極的に続けるべきだ。

この点については、第3章の最後でも触れたラカイン州諮問委員会の最終報告書が指針としてすでにある。元国連事務総長のコフィー・アナンが座長としてまとめたこの報告書の最後には、一八の領域にわたる八八の提言がなされている。やや抽象的ではあるものの、バランスのとれた提言で、ミャンマー政府にとってラカイン州開発の指針になっている。日本も、この指針に沿って、特に貧困対策と民間投資を呼び込むインフラ整備の面で、ラカイン州の開発に重要な役割を果たせるだろう。

(4) 新しい連邦制の構築支援

一九四八年の独立以来、ミャンマーにとって課題になってきたのは安定した多民族国家の建設である。軍事政権はそれを中央集権的に生み出そうとしたが、うまくいかなかった。民政移管後、少数民族は、より分権的な政治制度や政府のあり方を望んでいて、新たな連邦制のあり方について、連邦・地方両議会や、各地の武装勢力との和平交渉（ラカイン州の武装勢力はこの交渉には含まれていない）のなかで検討が行われている。

しかし、ラカイン州北部については、そうした議論には含まれていない。あまりに論争的な問題だからだろう。ロヒンギャ問題が少しでも絡むだけで、まだ進展に希望が持てる和平交渉や地方分権化の議論が停滞する可能性もある。やむをえない面は理解できるが、この問題はいずれは避けて通れない。望むらくは、ロヒンギャが帰還したあとのラカイン州北部の統治方法について、現行の和平交渉とは切り離したうえで関係者間の議論を喚起したい。

同時に、地方自治の制度的、人的な強化は必須といえる。連邦政府レベルで政策がつくられても、現場での実施が不十分であれば意味はない。そこは公務員の能力の底上げにかかっている。行政官の訓練は日本政府の得意分野であり、公務員の研修をはじめとしたミャンマーへの支援もすでに行われている。この体制を維持・拡大していくことが肝要だろう。

(5) 国軍・警察の能力開発

ロヒンギャ危機の最大の原因が国軍や警察にあることは論を俟《ま》たない。ただ、法的な責任追及だけでは再発防止策としては不十分である。事件の背景には、警察・国軍の能力や財源の不足、長年引き継がれてきた組織運営や戦地での慣習がある。欧米から批判を受けているからといって、警察・国軍を孤立させても、それらが改善する望みは薄い。したがって、国軍・警察の人材育成、人的交流はもちろんのこと、治安維持の日常業務、軍事作戦の運用、さらに対テロ対策のような特殊な任務についても、遂行力の適正化や運用改善を目指した支援を推進することが望ましい。ミャンマー国軍自身も、長年の孤立で低下した軍隊の質を高める必要は自覚している。

もちろん、こうした支援にはリスクが伴う。支援している国軍が大規模な人権侵害事件を再び引き起こした場合、批判の矛先が日本にも間違いなく向かうからだ。しかし、リスクをおそれて消極的になることは、現状を追認することとさして変わらない。いまほど日本がミャンマーの治安セクターに改革を促すべきタイミングはない。

3 おわりに

最後に、哲学者ハンナ・アーレントが、主著のひとつである『全体主義の起原』のなかで指摘した「人権のアポリア」(アポリアとは難問という意味)に触れておきたい。

人権の概念は……、人間が国家によって保証された権利を失い現実に人権にしか頼れなくなったその瞬間に崩れてしまった。他のすべての社会的および政治的資格を失ってしまったとき、単に人間であるということからは何らの権利も生じなかった。人間であるという抽象的な赤裸な存在に対して世界は何ら畏敬の念を示さなかった。

人権は、誰もが生まれながらに持つ自然な権利と考えられがちである。フランス人権宣言として有名な「人間と市民の権利の宣言」（一七八九）の第一条にも、たしかにそのように書かれている。しかし、これは理想だ。

国民国家の外に置かれ、国家の庇護を受けられない無国籍者になると、誰もが持っているはずの人権が失われてしまう。「単に人間であるということからは何らの権利も生じ」ないのである。だからといって国家にただやみくもに従えばよいということではない。国家が人権の脅威に変貌することもあるからだ。

自然権としての人権という理想と、国家あってこその人権という現実との間のジレンマ。アーレントが指摘した難問は、いまのロヒンギャとミャンマーという国民国家との関係にもあてはまる。

第二次世界大戦までの世界と比べると、現代ははるかにグローバル化が進み、国際機関やNGOによる人権保護の活動も活発である。コックスバザールの難民キャンプをみるとわかるように、国家を越えた支援が人道危機を回避するのに大きな力となっている。だが、そうはいっても、主権国家の影響力は依然として強く、国連や国際司法機関の介入にはどうしても限界がある。地政学的な条件や歴史も各国で異なる。現実のさまざまな文脈と制約を見据えたうえで、解決策を模索するしかない。

もちろん、賛否はあるだろう。ある外国人の安全保障コンサルタントが筆者に告げた「警告」を思い出す。彼曰く、欧米では、ロヒンギャに対するジェノサイドが起きたという評価が定着している。政府関係者も含めて多くの人々は、責任が徹底的に追及され、加害者が罰せられることを願っている。しかも皆、虐殺のような悲劇に関心はあっても、事件の歴史的背景だとか、ミャンマー政治の複雑さだとかいった細かい話には関心を持たない。その上、人権派やムスリム団体の国内政治における影響力は強く、そして、彼らは概して妥協を嫌う。だから、あなたたち学者がどれだけ客観的な分析に努めても、また、日本政府が現実的な解決策を唱えても、一度定着してしまった評価が変わることはないだろう。そこはもう決着がついてしまっているんだ。

実に身もふたもない見方である。そこまで言い切らなくてもよいのではないかとも思った。だが正直なところ、欧米における事件の評価については筆者も似た印象を持っている。では、日本はどうか。同じだろうか。

日本はミャンマーで大きな存在感があり、アジア全体でもさまざまなかたちで影響力を保持している。ラカイン州北部の人道・人権問題にもっと積極的に関わり、宗教間の融和や持続可能な平和構築に貢献できるはずである。しかし、ロヒンギャ危機は、まだ遠くの国の悲劇としてしか日本では知られていないように思う。政府や市民社会による効果的な支援策を模索するために、より活発な議論があってもよいのではないだろうか。

本書は、ロヒンギャ危機を知るための書であるとともに、そうした問いかけでもある。情報としてだけでなく、現状を変えるための構想と行動のきっかけになって欲しいと切に願う。

あとがき

ロヒンギャ危機の発端となる警察・国軍への襲撃が起きた日、筆者はミャンマーのヤンゴンで在外研究中であった。

襲撃があったことは、政府も発表していたし、関連情報はソーシャル・メディアでも絶えず流れていた。これまでとは違うことが起きているのではないか。そういう直感はあったが、ヤンゴンはいつもと同じで平穏だった。筆者の生活も変わらない。当時の予定表を見ると、客員教授になっていたヤンゴン大学で学生たちと会い、日本からの来訪者と懇談している。

週末、ミャンマー人の友人と食事をしたことを覚えている。ラカインの話題になると、その友人の従兄弟《いとこ》が陸軍兵士として掃討作戦に参加しているという。それならばと、電話で状況を尋ねてもらった。詳細は省くが、兵士の話からうかがえる軍事作戦の中身は、国際的な行動規範にしたがったものではなかった。

ただ、筆者にもその友人にも驚きはない。戦時国際法にしたがって軍事作戦が進んでいると聞いていたら、逆に驚いただろう。国軍の軍事作戦で民間人が犠牲になることはこれまでもあったからだ。さかのぼれば、独立直後に武装蜂起したビルマ共産党と国軍との戦闘でも似たようなことが起きていた。慣れといおうか、既視感といおうか。とてもひどいことだが特別なことではない、という感覚がミャンマーの紛争を知る者にはある。

興味深かったのは、今回の危機に対するミャンマー社会のさまざまな反応だ。個人的な経験でいえば、リベラルだと思っていた知識人がロヒンギャ流出を肯定的に語るのを聞いて驚くことがあった。はじめて会った僧侶から、ムスリムがいかに国家安全保障上の脅威なのかを説かれたこともある。宗教間での対話集会を各地で開き、対立の拡大を防ごうとする仏教徒とムスリム、双方の活動家たちにも出会った。友人のカマン人（ムスリムの少数民族）は、フェイスブックで受け取った自身の信仰を中傷するメッセージを筆者に見せ、「人気者だろ？」と笑った。

あれから三年以上がたつ。残念なことに、約一〇〇万人の難民はほとんど帰還していない。これから難民たちを待ち受ける過酷な生活や困難を考えると、ミャンマー政府や国軍の責任を問う声がますます高まっても不思議ではない。

だが、ミャンマーをそれなりに長くみてくると、単純な善悪の構図だけで危機を理解することには違和感を覚えてしまう。そうした理解では解決の糸口はみえてこないように思えるのだ。だからといって、筆者に妙案があるわけではない。まずは、自分が感じている違和感の正体をはっきりさせるために、危機をもたらした要因を広く検証したい。これが本書を構想した際の動機であった。

実際に書いていくと、これまでわかっている事実がまばらで、しかも、いくつもの偏った解釈が定着していることにあらためて気がついた。断片的な情報をつなぎ合わせ、偏った見方を可能な限り取り除く作業の連続だった。なんとか書き終えてみて、ロヒンギャ問題の過去と現在を知るための第一歩となる読み物にはなったかなと思う。内容に納得できた読者も、納得できなかった読者も、他の関連情報にあたってもらえれば、問題の根深さや複雑さをもっと理解できるだろう。本書に書き切れなかったことがまだまだある。

執筆中にはとても多くの方に助けていただいた。ここであらためて謝意を表しておきたい。根本敬先生と工藤年博先生には原稿全体を読んでもらい、詳細なコメントをいただいた。おかげで、いくつもの間違いに気づき、修正することができた。安藤裕二さん、斎藤紋子先生、澤田英夫先生、チョーミンティン先生、ティンウィン・アクバールさんは、筆者の質問にとても丁寧に答えてくださった。川本佳苗さんにはデータ整理や関連年表、参考文献リストの作成を手伝ってもらった。ありがとうございました。

本書は、筆者が代表者となっている文部科学省・科学研究費基盤研究（B）「脱領域化する国際規範・制度と国民国家の反動に関する研究」と、研究分担者を務めている基盤研究（A）「民主主義体制における少数派排除のグローバル化」（代表者：中溝和弥教授）の成果でもある。
プロジェクトメンバーの皆さんから学んだことは、本書のさまざまなところに反映されている。また、京都大学をはじめ、いくつかの大学の講義で話した内容や、各種研究会での報告内容が本書には含まれている。それぞれの場で、筆者の話に耳を傾け、質問やコメントをくださった皆さんにもお礼申し上げたい。

本書が世に出るきっかけは、担当編集者である吉田亮子さんが本書の企画に関心を持ってくださったことである。だめ元で持ち込んだアイデアを拾ってもらったといった方が正確だろうか。執筆中も吉田さんにはひとかたならずお世話になった。吉田さんを紹介してくださった白戸直人さん、白戸さんに橋渡しをしてくださった牧原出先生にも深謝申し上げます。

本書の原稿を執筆したのは、新型コロナウイルスの感染拡大で不安定な生活を余儀なくされるなかであった。なるべく家族との時間を削らずに書こうと考えていたが、筆の進みが思った以上に遅く、幼い子供たちのケアを妻に頼ることがよくあった。いろいろと苦労をかけたと思う。それでも妻は本書の刊行をずっと楽しみにしてくれた。ありがとう。

二〇二〇年一一月

中西嘉宏

号, 1～13頁
日本政府外務省（2015）『開発協力大綱』
根本敬（2017）「ビルマ ロヒンギャ問題の憂鬱―「二つの壁」から読み解く」『世界』892号, 196～203頁
アーレント, ハナ（1972）『全体主義の起原2―帝国主義』大島通義・大島かおり訳, みすず書房
カー, エドワード. H.（2011）『危機の二十年―理想と現実』原彬久訳, 岩波文庫
Advisory Commission on Rakhine State (2017) 'Towards a Peaceful, Fair and Prosperous Future for the People of Rakhine – Final Report of the Advisory Commission on Rakhine State,' 24 August.
Brinham, Natalie (2018) ''Genocide Cards': Rohingya Refugees on Why They Risked Their Lives to Refuse ID Cards,' *Open Democracy*, 21 October.
Duffield, Mark (2001) *Global Governance and the New Wars: The Merging of Development and Security,* London: Zed Books.
Nakanishi, Yoshihiro & Antonio Angotti (2020) 'The Arakan Army: Violence in Rakhine State in Myanmar,' *Policy Brief Series*, No.107, Torkel Opsahl Academic E Publisher

［定期刊行物］
朝日新聞
日本経済新聞
毎日新聞
『アジア動向年報』（日本貿易振興機構・アジア経済研究所）
The Global New Light of Myanmar
Myanmar Times
（以下, ビルマ語）
『セブンデイ・デイリー』
『チェーモン』
『ミャワディー・デイリー』
『ヴォイス・デイリー』

ア経済研究所Webマガジン）
______.（2020）「アウンサンスーチー圧勝の理由と、それが暗示する不安の正体」IDEスクエア（アジア経済研究所Webマガジン）
Beech, Hannah (2017) 'What Happened to Myanmar's Human-Rights Icon?' *The New Yorker*, 2 October.
Cameron, David (2019) *For the Record*, London: HarperCollins Publisher Ltd.
International Commission of Jurists (2018) 'Questions and Answers on the Crime of Genocide,' *Legal Briefing Note*, August.
International Court of Justice (2019) 'Application Instituting Proceedings and Request for Provisional Measures, Republic of the Gambia v. Republic of the Union of Myanmar,' 11 November.
______. (2019) 'Public Sitting Held on Wednesday 11 December 2019, at 10 a.m., at the Peace Palace, President Yusuf presiding, in the Case concerning Application of the Convention on the Prevention and Punishment of the Crime of Genocide (The Gambia v. Myanmar),' Verbatim Record (CR 2019/19).
Jacobs, Dov (2020) 'Limitations of Using Fact-Finding Reports in Criminal Proceedings: The Case of Myanmar,' *Policy Brief Series*, No.118, Torkel Opsahl Academic E Publisher.
Mratt Kyaw Thu (2017) 'Tatmadaw, Sangha and Government must Work together, Sitagu Sayadaw Says in Sermon to Officers,' *Frontier Myanmar*, 1 November.
Organisation of Islamic Cooperation (2018) 'Dhaka Declaration, 45th Session of the Council of Foreign Ministers of the Organisation of Islamic Cooperation,' 6 May.
Nichols, Michelle (2018) 'China does not Want U.N. to Push Myanmar on Accountability,' *Reuters*, 9 May.
Steinberg, David I. (2018) 'Myanmar: Aung San Suu Kyi and the Cult of Personality,' *The Diplomat*, 14 July.
The Times (2019) 'Suu Kyi: Massacre of Rohingyas was not Genocide,' 12 December.
Walton, Matthew J. (2017) 'Religion and Violence in Myanmar: Sitagu Sayadaw's Case for Mass Killing,' *Foreign Affairs*, 6 November.

終　章
篠田英朗（2013）『平和構築入門―その思想と方法を問いなおす』ちくま新書
土佐弘之（2018）「体制移行と暴力―世界秩序の行方」『国際政治』第194

International Crisis Group (2016) 'Myanmar: A New Muslim Insurgency in Rakhine State,' *Asia Report*, No.283.
______. (2017) 'Myanmar's Rohingya Crisis Enters a Dangerous New Phase,' *Asia Report*, No.292.
______. (2018) 'Countering Jihadist Militancy in Bangladesh,' *Asia Report*, No.295.
Médecins Sans Frontières (2017) 'Retrospective Mortality, Nutrition and Measles Vaccination Coverage Survey in Balukhali 2 & Tasnimarkhola Camps,' November.
Sakhawat, Adil (2017) 'An Anatomy of ARSA – Behind the Masks and Guns,' *Dhaka Tribune*, 20 October.
______. (2018) 'Rohingya Muftis Issue Fatwas Stopping the Persecuted Community from Fighting Myanmar,' *Dhaka Tribune*, 13 March.
Selth, Andrew (2018) *Myanmar's Armed Forces and the Rohingya Crisis*, Washington D.C.: United States Institute of Peace.
The Independent International Fact-Finding Mission on Myanmar (2018) 'Report of the Detailed Findings of the Independent International Fact-Finding Mission on Myanmar (A/HRC/29/64),' September.
The Public International Law & Policy Group's 2018 Human Rights Documentation Mission (2018) 'Documenting Atrocity Crimes Committed against the Rohingya in Myanmar's Rakhine State,' December.
Ware, Anthony & Costas Laoutides (2018) *Myanmar's 'Rohigya' Conflict*, London: C Hurst & Co Publishers Ltd.
(以下，ビルマ語)
対テロリズム法

第5章

朝日新聞デジタル (2019)「ミャンマー国軍最高司令官の会見詳報」2月27日
石塚智佐 (2020)「国際司法裁判所におけるロヒンギャ問題　国際法学会エキスパート・コメントNo.2020-12」，国際法学会ウェブサイト，6月21日
下谷内奈緒 (2019)『国際刑事裁判の政治学―平和と正義をめぐるディレンマ』岩波書店
竹村仁美 (2020)「ロヒンギャ問題と国際刑事裁判所　国際法学会エキスパート・コメントNo.2020-11」国際法学会ウェブサイト，6月15日
多谷千香子 (2005)『「民族浄化」を裁く』岩波新書
中西嘉宏 (2018)「変わるミャンマー、適応する中国」IDEスクエア (アジ

International Crisis Group (2017) 'Buddhism and State Power in Myanmar,' *Asia Report*, No.290.
Mann, Michael (2005) *The Dark Side of Democracy: Explaining Ethnic Cleansing*, Cambridge: Cambridge University Press.
Physicians for Human Rights (2013) 'Patterns of Anti-Muslim Violence in Burma: A Call for Accountability and Prevention,' August 2013.
Rabushka, Alvin, and Kenneth A. Shepsle (1972) *Politics in Plural Societies: A Theory of Democratic Instability*, Columbus, Ohio: Charles E. Merrill.
Republic of the Union of Myanmar (2013) 'Final Report of Inquiry Commission on Sectarian Violence in Rakhine State,' 8 July.
The Irrawaddy (2013) 'Nationalist Monk U Wirathu Denies Role in Anti-Muslim Unrest,' 2 April.
Walton, Matthew J. & Susan Hayward (2014) *Contesting Buddhist Narratives: Democratization, Nationalism, and Communal Violence in Myanmar*, Honolulu: East-West Center.
Wimmer, Andreas (2012) *Waves of War: Nationalism, State Formation, and Ethnic Exclusion in the Modern World*, Cambridge: Cambridge University Press.

第4章

高田峰夫 (2019)「ロヒンギャ問題とアラカン・ロヒンギャ救世軍 (ARSA)」日下部尚徳、石川和雅編『ロヒンギャ問題とは何か—難民になれない難民』明石書店，37〜62頁
毎日新聞 (2018)「ロヒンギャ迫害—「尊厳ある帰還」強調　武装集団指導者インタビュー」10月29日
ロイター (2018)「特別リポート—ロヒンギャの惨劇　彼らはどう焼かれ、強奪され、殺害されたか」2月13日
Amnesty International (2018) ''We Will Destroy Everything' Military Responsibility for Crimes against Humanity in Rakhine State, Myanmar,' Arakan Rohingya Salvation Army Official Statements.
CNN (2017) 'Inside the Rohingya Resistance,' 3 February.
Human Rights Watch (2017) 'Massacre by the River: Burmese Army Crimes against Humanity in Tula Toli,' December.
Head, Jonathan (2017) 'Rohingya Crisis: Finding out the Truth about ARSA Militants,' *BBC News*, 11 October.
Independent Commission of Enquiry (2019) 'Executive Summary of ICOE.'
______. (2020) 'Annexes 16-28 to the Final Report of the Independent Commission of Enquiry (ICOE)' (ミャンマー政府大統領府ウェブサイト).

London: C Hurst & CO Publishers Ltd.
Ye Htut (2017) 'A Background to the Security Crisis in Northern Rakhine,' *Perspective*, 79, ISEAS-Yusof Ishak Institute.
Yunus, Mohammed (1994) *A History of Arakan (Past & Present)*, Chittagong: University of Chittagong.
(以下，ビルマ語)
キンニュン (2016)『国家の西方から迫る難問』パンミョータヤー学芸
戦史博物館・国軍文書館長事務所 (2000)『国軍史 第6巻 1974-1988』
―――― (2000)『国軍史 第7巻 1988-1993』
ビルマ国籍法 (1982)
ビルマ連邦憲法 (1947)
ビルマ連邦社会主義共和国憲法 (1974)
ビルマ連邦国籍法 (1948)
ポーカンカウン (1992)「危険なロヒンギャ」『ミェッキッティッ』No.25. 87～103頁
ミャンマー連邦共和国憲法 (2008)

第3章

長田紀之・中西嘉宏・工藤年博 (2016)『ミャンマー2015年総選挙―アウンサンスーチー新政権はいかに誕生したのか』アジア経済研究所
オステルガルド，アンダース (2010)『ビルマVJ―消された革命』(デンマーク映画)
藏本龍介 (2016)「ミャンマーにおける宗教対立の行方―上座仏教僧の活動に注目して」『現代宗教』国際宗教研究所，99～117頁
土佐桂子 (2019)「宗教と「正義」―ミャンマーにおける仏教徒女性婚姻法をめぐって」細谷広美・佐藤義明編『グローバル化する〈正義〉の人類学―国際社会における法形成とローカリティ』昭和堂，309～337頁
中西嘉宏 (2014)「軍と政治的自由化―ミャンマーにおける軍事政権の「終焉」をめぐって」『日本比較政治学会年報第16号 体制転換／非転換の比較政治』ミネルヴァ書房，84～97頁
―――― (2015)「民政移管後のミャンマーにおける新しい政治―大統領・議会・国軍」工藤年博編『ポスト軍政のミャンマー―改革の実像』日本貿易振興機構・アジア経済研究所，392～406頁
―――― (2020)「自由とソーシャルメディアがもたらすミャンマー民主化の停滞」見市建・茅根由佳編『ソーシャルメディア時代の東南アジア政治』明石書店，123～143頁
Cheesman, Nick (2017) 'Introduction: Interpreting Communal Violence in Myanmar,' *Journal of Contemporary Asia*, 47: 3, pp. 335-352.

Government Printing and Stationery.
Smith, Martin J.（1991）*Burma: Insurgency and the Politics of Ethnicity*, New York: Zed Books.
Tonkin, Derek（2019）'Migration from Bengal to Arakan during British Rule 1826–1948,' *Occasional Paper Series*, No.10, Torkel Opsahl Academic E Publisher.
Yeager, Moshe（1972）*The Muslims of Burma: A Study of a Minority Group*, Wiesbaden: Verlag Otto Harrassowitz.
______.（2002）*Between Integration and Secession: The Muslim Communities of the Southern Philippines, Southern Thailand, and Western Burma/Myanmar*, Lanham: Lexington Books.

第2章

斎藤紋子（2005）「ネウィン政権の国民概念と外国系住民―1982年ビルマ国籍法および関連資料から」『東京外大東南アジア学』第10巻，108～116頁
齋藤瑞枝（2000）「1950年代におけるアラカン人仏教徒議員の新州設立要求」『東南アジア研究』第37巻4号，535～555頁
中西嘉宏（2009）『軍政ビルマの権力構造―ネー・ウィン体制下の国家と軍隊1962-1988』京都大学学術出版会
――――（2010）「ミャンマーから遠く離れて―東南アジアにおける難民と非伝統的安全保障」（未刊行ペーパー）ワークショップ「アジアにおける非伝統的安全保障問題」東京，2010年3月19日
Berlie, Jean A.（2008）*The Burmanization of Myanmar's Muslims*, Bangkok: White Lotus Press.
Cheesman, Nick（2017）'How in Myanmar "National Races" Came to Surpass Citizenship and Exclude Rohingya,' *Journal of Contemporary Asia*, 47: 3, pp.461-483.
Islam, Nurul（2018）'Rohingya and Nationality Status in Myanmar,' Marie Lall & Ashley South eds., *Citizenship in Myanmar: Ways of Being in and from Burma*, Singapore: Chiang Mai University Press & ISEAS Yusof Ishak Institute.
Robinne, François（2018）'To Be Burmese is Not（Only）Being Buddhist,' Renaud Egreteau & François Robinne eds., *Metamorphosis: Studies in Social and Political Change in Myanmar*, Singapore: National University of Singapore Press, pp.346-367.
Smith, Martin（2019）*Arakan (Rakhine State): A Land in Conflict on Myanmar's Western Frontier*, Amsterdam: The Transnational Institute.
Ware, Anthony & Costas Laoutides（2018）*Myanmar's 'Rohingya' Conflict*,

防衛庁防衛研修所戦史室（1967）『ビルマ攻略作戦』朝雲新聞社
Aljazeera (2018) 'Who are the Rohingya?' 18 April.
Burma, Riot Inquiry Committee (1939) *Final Report of the Riot Inquiry Committee*, Rangoon: Supdt., Government Printing and Stationery, Burma.
Callahan, Mary P. (2017) 'Distorted, Dangerous Data? *Lumyo* in the 2014 Myanmar Population and Housing Census,' *Sojourn: Journal of Social Issues in Southeast Asia*, 32: 2, pp.452-478.
Charney, Michael W. (1999) 'Where Jambudipa and Islamdom Converged: Religious Change and the Emergence of Buddhist Communalism in Early Modern Arakan (Fifteenth to Nineteenth Centuries),' PhD dissertation, The University of Michigan.
Ikeya, Chie (2011) *Refiguring Women, Colonialism, and Modernity in Burma*, Honolulu: University of Hawaii Press.
Galache, Carlos Sardiña (2018) ' 'Illegal Migration' in Arakan: Myths and Numbers,' *New Mandala*, 16 August.
Baxter, James (1941) ' *Report on Indian Immigration*, Rangoon: Superintendent Government Printing and Stationary
Harvey, G.E. (1925) 'Burma, 1782-1852,' H.H. Dodwell ed., *The Cambridge History of the British Empire* V, *British India: 1497-1858*, Cambridge: Cambridge University Press, pp. 558-569.
Kyaw Minn Htin (2017) 'Where Maṇḍalas Overlap: Histories, Identities and Fates of the People from Arakan and South-Eastern Bangladesh,' PhD dissertation, National University of Singapore.
Leider, Jacques P. (2018) 'Conflict and Mass Violence in Arakan (Rakhine State): The 1942 Events and Political Identity Formation,' Marie Lall & Ashley South eds., *Citizenship in Myanmar: Ways of Being in and from Burma*, Singapore: Chiang Mai University Press & ISEAS Yusof Ishak Institute, pp.193-221.
______. (2020) 'Mass Departures in the Rakhine-Bangladesh Borderlands,' *Policy Brief Series*, No.111, Torkel Opsahl Academic EPublisher.
Mratt Kyaw Thu (2018) 'The Life of the Prophet,' *Frontier Myanmar*, 4-6, 10 May.
Phyo Win Latt (2020) 'Protecting *Amyo*: The Rise of Xenophobic Nationalism in Colonial Burma, 1906-1941,' PhD dissertation, National University of Singapore.
Roos, Josefine (2013) 'Conflict Assessment in Rakhine State,' *Danish Refugee Council Report*, February/March.
Smart, R.B. (1917) *Burma Gazetteer Akyab District*, A & B, Rangoon:

主要参考文献

参照した主要な文献を以下に挙げている。日本語、英語、ビルマ語の順で示している。ビルマ語は新聞・雑誌タイトル以外は日本語訳のタイトルを付した。インターネット上で入手した資料も多いが、URLや個別のSNSの情報源は省略した。ミャンマー政府の内部資料や集会のパンフレットのような入手の難しい資料についても記載していない。

序　章

朝日新聞（2020）「ロヒンギャ難民キャンプ、隠された殺人事件　犯人は誰だ」1月11日

岡本郁子（2019）「ラカイン州の経済―貧困と資源開発」日下部尚徳・石川和雅編『ロヒンギャ問題とは何か―難民になれない難民』明石書店，135～146頁

中坪央暁（2020）『ロヒンギャ難民100万人の衝撃』めこん

中西嘉宏（2017）「ミャンマー・複雑化する「ロヒンギャ問題」の構図」『外交』第45号，9月，72～75頁

――――（2017）「ロヒンギャ難民―アウンサンスーチーに逆風」『週刊 東洋経済』12月30日・1月6日合併号，28～31頁

Department of Population, Ministry of Immigration and Population, Myanmar（2015）*The 2014 Population and Housing Census of Myanmar*.

General Administration Department Township Profiles 2018（The Myanmar Information Management Unit のウェブサイトからダウンロード）.

The United Nations High Commissioner for Refugees（2018）Operational Update, Bangladesh 各号

第1章

石井米雄・桜井由躬雄（1999）『東南アジア史Ⅰ　大陸部』山川出版社

長田紀之（2016）『胎動する国境―英領ビルマの移民問題と都市統治』山川出版社

根本敬（1990）「1930年代ビルマ・ナショナリズムにおける社会主義受容の特質―タキン党の思想形成を中心に」『東南アジア研究』第27巻4号，427～447頁

――――（2014）『物語 ビルマの歴史―王朝時代から現代まで』中公新書

		396名のロヒンギャを救出（32名が死亡）
	5	ARSA、ミャンマー―バングラデシュ国境をパトロール中の国境警備隊を襲撃
	6	軍法会議で国軍兵士3名に対する刑罰を確定（2017年のグーダーピン村における人権侵害）
	7	6日英政府、国軍最高司令官、副司令官など47名への独自制裁を発表。23日国軍、ラカイン州で性的暴行を働いたとして告訴された国軍兵3名についての内部捜査を実施
	8	24日茂木外相、スーチーと国軍最高司令官それぞれと会談
	9	1日楊中国共産党中央政治局委員、スーチーと会談。7日AAによって拘束された元国軍兵士2名、ハーグのICCに移送。10日EU欧州議会、スーチーをサハロフ賞受賞者としての活動資格を停止
	11	8日第3回総選挙でNLDが再び大勝

		禁止措置。25日国軍最高司令官、インド訪問（～8月2日）。31日日本の河野外相、ミャンマー訪問
	8	5日IIFFM、国軍の経済権益に関する報告書を提出。15日AAを含む北部同盟3組織、国軍士官学校を含む6地点を同時攻撃。国軍最高司令官、ロシア訪問（～20日）。22日ロヒンギャ難民の帰還事業開始予定日も帰還希望者なし
	9	10日IIFFMがミャンマー独立捜査メカニズムに引き渡し。13日中国アジア担当特使がスーチー、国軍最高司令官それぞれと会談。23日国連本部でミャンマー、バングラデシュ、中国による非公式会合を実施（3ヵ国合同ジョイントメカニズムの設立）。26日国軍最高司令官、日本大使と会談
	10	1日ARSA、敵はミャンマー軍だけであるとツイッターで主張。9日国軍最高司令官、安倍首相を表敬訪問。20日スーチー、日本訪問（天皇の「即位礼正殿の儀」に参列）
	11	3日AA、チン州選出の上院議員を拉致。7日孫中国アジア特使、スーチーと国軍最高司令官それぞれと会談。11日ガンビア、ミャンマー政府を国際司法裁判所（ICJ）に提訴。14日ICC、ロヒンギャ問題の正式捜査開始を承認。17日国軍最高司令官、タイと中国を歴訪（～22日）。23日ICJに関するハイレベル会合を実施（大統領、国家最高顧問、国軍最高司令官ら出席）。25日与党NLD、全国民が一丸となってスーチーを支持するよう訴えかけ
	12	7日中国外相、ミャンマー訪問。10日米国、国軍最高司令官、副司令官を含む軍高官4名について資産凍結の制裁を決定。11日ICJでミャンマー側の口頭弁論
2020	1	18日習近平中国国家主席がスーチー、大統領、国軍最高司令官と会談（33件の合意につき文書交換）。20日独立調査委員会（ICOE）、報告書を大統領に提出。23日ICJ、ミャンマーに対してガンビアが求めた仮保全措置の一部を認める決定
	2	14日文民政府、刑事捜査・訴追組織を設置
	3	23日ミャンマー政府、アラカン軍（AA）をテロリスト団体に指定
	4	15日バングラデシュ沿岸警備隊、漂流していた船から

		「良心の大使賞」を剝奪。15日ロヒンギャ難民の帰還事業開始予定日も帰還希望者なし
	12	1日パリ市、スーチーのパリ市名誉賞を剝奪。18日フェイスブック社、ミャンマー国軍が関連するとみられる135のアカウント、425ページを削除。30日バングラデシュで第11次総選挙（与党のアワミ連盟が議席数の86%を獲得し圧勝）
2019	1	4日アラカン軍（AA）、ラカイン州4つの国境詰め所を襲撃。7日「国際関係と国防に関する調整会議」開催（スーチー、国軍最高司令官ら出席）。11日ヤンゴン地域高等裁判所、ロイター通信の記者2名の控訴を棄却
	2	1日ロイター通信の記者2名、最高裁に上告。6日連邦議会、憲法改正合同委員会の設置を承認。18日一帯一路関連事業遂行指導委員会（スーチーが委員長）、第1回会合開催。19日連邦議会、憲法改正合同委員会を設置。45名で構成。28日孫中国特使がネーピードーで国軍最高司令官と会談
	3	18日国軍、特別軍事法廷を設置。25日笹川日本政府代表、スーチー、国軍最高司令官とそれぞれ会談。30日国軍最高司令官、ロシアの国防次官と会談
	4	2日政府、ラカイン州北部5郡に夜間外出禁止令を発出。10日国軍最高司令官、習近平国家主席と会談。15日ロイター通信の報道チーム、ピューリッツァー賞受賞。19日国軍最高司令官、日本大使と会談。20日国軍最高司令官、ロシア訪問（～27日）。23日最高裁、ロイター通信の記者2名の上告を棄却。24日スーチー、中国訪問（～29日）。第2回「一帯一路」国際協力ハイレベルフォーラムに参加
	5	1日アメリカのヘイル国務次官（政治担当）、来訪（～3日）。3日政府、ロヒンギャ難民帰還についてバングラデシュ政府と協議再開。5日ウィラトゥ師とその支持者、憲法改正に反対するデモ行進。7日ロイター通信の記者2人、恩赦で釈放。28日政府、ウィラトゥ師を扇動罪で起訴
	6	10日バングラデシュのハシナ首相、避難民は帰還することを望んでいないと発言。24日スーチー、孫中国特使と会談
	7	16日アメリカ国務省、国軍高級将校4名に対する入国

		司令官と会談。27日ミャンマー政府、バングラデシュとの二国間協定にもとづかずに避難民62名が自ら帰還したと発表。29日スーチー、日本大使に対してラカイン問題につき日本政府の支援を要請
	6	6日ミャンマー政府、難民帰還に関する三者間覚書署名を発表。26日EU、軍人5名、治安部隊員2名に対する制裁を決定。27日アムネスティ・インターナショナル、報告書を発表。29日中国外相、バングラデシュ外相に帰還プロセス支援を表明
	7	11日第3回21世紀パンロン会議（連邦和平会議）始まる。笹川日本政府代表、スーチーと国軍最高司令官と個別に会談。13日訪緬中の孫中国特使、スーチー、国軍最高司令官とそれぞれ会談。30日ミャンマー政府が独立調査委員会（ICOE）を設置
	8	6日スーチーが河野外相と会談。17日ラカイン州で829.8億チャット（日本円で61億5500万円）相当の合成麻薬を押収。米国、追加制裁発表。21日スーチー、シンガポールで講演。27日IIFFM、報告書を提出。フェイスブック社、ミャンマー軍高官や団体のアカウントを削除。28日国軍最高司令官、日本大使と会談。31日国連人権高等弁務官、スーチーはラカイン問題の責任を取り辞任すべきと発言
	9	3日ロイター通信の記者2名に禁錮7年の有罪判決。6日国際刑事裁判所（ICC）予審裁判部、管轄権認める判断。17日VKontakte（ロシア最大のSNS）に開設した国軍最高司令官のアカウントが削除。18日IIFFMが報告書全文を提出。23日国軍最高司令官、国連もいかなる組織も国家の主権を干渉する権利はないと発言。24日米国、国軍による計画的なロヒンギャへの暴力があったとする報告書を発表。27日国連人権理事会、ロヒンギャへの人権侵害疑惑を調査するためのミャンマー独立捜査メカニズムを設置
	10	9日スーチー、安倍首相と会談。14日国軍を支持し、外国（国連やICC）による干渉に反対するデモがヤンゴンなどで開催される
	11	4日マウンドー市内で地元住民約2000人が難民帰還反対デモ。8日国軍最高司令官、中国特使と会談。12日アムネスティ・インターナショナルが、スーチーから

		調査の結果を報告。14日スーチー、安倍首相とマニラで会談。15日ティラーソン米国務長官、スーチー及び国軍最高司令官と会談。16日スーチー、河野外相と電話会談。19日王毅中国外相、スーチー、国軍最高司令官とそれぞれ会談。23日スーチー、バングラデシュ外相と会談（二国間合意に署名）。24日国軍最高司令官、訪問先の中国で習近平国家主席と会談
	12	1日スーチー、訪問先の中国で習近平国家主席と会談。12日ロイター通信の記者2名が拘束される。18日マウンドー郡インディン村で10人の遺体が発見される
2018	1	5日国軍車両がラカイン州で攻撃を受ける（ARSAが犯行声明）。10日ロイター通信の記者2名を国家機密法により起訴。国軍、インディン村の身元不明の10人の遺体がテロリストであると発表。16日ミャンマーとバングラデシュが、ロヒンギャ難民の帰還を2年で完了すると合意。ラカイン州中部でラカイン人と警察が衝突。警察が発砲し9名死亡、12名負傷。20日国軍最高司令官、ロシア防衛相と会談
	2	22日アムネスティ・インターナショナルが報告書発表。26日2月4日～26日の間、ミャンマー警察とバングラデシュ国境警備隊が14回の合同パトロールを実施。フェイスブック社、ウィラトゥ師のアカウントを削除
	3	ウィンミン下院議長が新大統領に選出
	4	6日ドゥテルテ大統領（フィリピン）がジェノサイドと非難。11日国軍、インディン村のムスリム10名の殺害に関与した国軍兵士7名に懲役10年を宣告したと発表。12日国連難民高等弁務官事務所（UNHCR）、ミャンマー側の帰還民受け入れ体制が整っていないと指摘。13日ドゥテルテ大統領はジェノサイドと発言したことに関してスーチーに謝罪。25日来緬中の中国共産党中央対外連絡部長、ウィンミン大統領、国軍最高司令官と会談。30日ハシナ・バングラデシュ首相、避難民の帰還に向けミャンマーに更なる圧力をかけるべきと発言
	5	4日トランプ米国大統領、ロヒンギャ難民の帰還に必要な条件を整えるようミャンマーに圧力をかけていくとバングラデシュに伝達。6日イスラーム協力機構（OIC）外相評議会会議でダッカ宣言採択。9日国連安保理の声明草案に中国が抵抗。22日中国アジア特使、国軍最高

9	5日ARSAによる都市部へのテロ攻撃に関する注意喚起。10日ARSAが暫定停戦を宣言するプレスリリース発出。11日国連人権高等弁務官が事件を「民族浄化の教科書的事例」と発言。15日国軍最高司令官、ロヒンギャは「民族集団だったことはない」、「過激派」とフェイスブックに投稿。19日スーチー、国内外に向けた演説。日本政府、ミャンマー、バングラデシュ両政府に緊急支援の実施を表明。ティラーソン米国務長官、スーチーと電話会談し、人権侵害に関する深刻な疑惑を解決するよう促す。20日英国、ミャンマー国軍への教育訓練コースを当面中止すると発表。中国、グテーレス国連事務総長にミャンマー政府の取り組みへの支持を伝える。21日国軍最高司令官、ラカイン視察。24日マウンドー郡でヒンドゥー教徒28人の遺体を発見。25日マウンドー郡でヒンドゥー教徒17人の遺体を発見。マンダレーで約3000人参加のスーチーを支持するデモ。26日日本政府、ミャンマー、バングラデシュ両国への緊急無償資金協力を決定
10	2日バングラデシュ、ミャンマー両国閣僚が作業部会の設置を決定。7日マンダレー、タウンジでスーチーを支持するデモ。8日マグエ、ザガイン、パテインでスーチーを支持するデモ。10日NLD、平和を祈る大規模集会を開催（ヤンゴンでは約3万人参加）。11日ウィラトゥ師がシットウェ訪問。12日EUと加盟国がミャンマーとの全ての防衛協力を見直し。ネーピードーで国軍最高司令官が当地日本大使と会談。14日ヤンゴンでスーチーを支持するデモ。18日ティラーソン米国務長官、ロヒンギャ問題は国軍に責任があると発言。22日ネーピードーでスーチーを支持する集会。23日米国、国軍への軍事支援停止等を表明。24日和泉首相補佐官、スーチーと会談。26日ミャンマー政府、バングラデシュ政府側にARSAテロ攻撃に関与した約700名のリストを提出。ティラーソン米国務長官、国軍最高司令官と電話会談（人権侵害への懸念、国連への協力を要請）。31日NLD主催による平和を祈る集会を開催
11	2日スーチー、ラカイン州マウンドーを訪問。11日マウンドーでテロ容疑者20名を逮捕。13日国軍、西部軍管区司令官（ラカイン州を担当）を異動（のち解任）。国軍調査チーム、ラカイン州地域掃討作戦における内部

		の来訪（～16日）。16日ウィラトゥ師、ヤンヒー・リー氏に対する誹謗中傷発言
	2	3日ミャンマー外務省、ヤンヒー・リーを批判するプレスリリース
	3	27日第28回国連人権理事会で「ミャンマー人権状況」決議採択
	11	8日第2回総選挙でNLDが地滑り的勝利
	12	2日ラカイン州マウンドー地区でボートピープル48名をバングラデシュへ送還
2016	2	27日ラカイン州ブーティダウンでアラカン軍（AA）と国軍衝突
	3	30日スーチー政権成立。
	4	6日国家顧問法成立。スーチーが国家顧問に就任
	9	5日ラカイン州諮問委員会設置
	10	9日アラカン・ロヒンギャ救世軍（ARSA）がラカイン州北部国境警備警察の施設3ヵ所を襲撃。ラカイン州マウンドーに夜間外出禁止令
	12	1日ラカイン州の連続襲撃事件に関する調査委員会設置。4日ナジブ首相（マレーシア）、ラカイン問題でミャンマーを非難
2017	1	16日バングラデシュ・ハシナ首相、難民化しているロヒンギャの帰還を要請
	3	10日国家サンガ大長老会議、ウィラトゥ師に対する1年間の説法禁止を命令。24日国連人権理事会で独立国際事実解明ミッション（IIFFM）設置
	5	5日ラカイン州ブーティダウンで爆発事件、5名死亡。19日ラカイン州から中国への石油パイプライン操業開始。23日国家サンガ大長老会議が、「マバタ」名称の使用禁止命令
	6	14日ラカイン州において国連に対するデモ発生
	7	9日ラカイン州ブーティダウン郡の村で、治安部隊が武装テロリストから襲撃を受ける
	8	10日国軍、ラカイン州北部に6個大隊を増派。13日ラカイン州各地で治安強化を求めるデモ。24日ラカイン州諮問委員会、最終報告書提出。25日ラカイン州北部でARSAが警察・国軍施設30ヵ所以上を襲撃。テロ対策中央委員会、ARSAをテロリスト団体に指定。国軍が掃討作戦開始

2002	5	6日スーチー、自宅軟禁から解放
2003	5	30日遊説中のスーチーの車列が襲われる（ディペイン事件）。スーチー、3度目の自宅軟禁
	8	30日SPDC、「7段階のロードマップ」を発表
2004	10	18日キンニュン首相失脚。制憲国民会議再開
2007	8	僧侶が主導する反政府デモ発生（「サフラン革命」）
2008	5	サイクロン・ナルギス到来。29日ミャンマー連邦共和国憲法の国民投票（約94%が信任）
2010	11	7日総選挙実施。軍政の後継政党である連邦団結発展党（USDP）勝利。13日スーチー、3度目の自宅軟禁から解放
2011	3	30日民政移管でテインセイン新政権が発足。ミンアウンフライン将軍が新国軍最高司令官に就任
	9	中国の支援を受けて進めていたミッソンダム建設プロジェクトを凍結
2012	4	1日補欠選挙実施。スーチー含むNLD候補者が当選
	5	28日ラカイン州でラカイン人女性の強姦殺人発生
	6	3日ラカイン州でバス乗客ロヒンギャ10名が殺害される。8日ラカイン州マウンドー地区でロヒンギャとラカイン人が衝突。ラカイン全土に紛争が拡大
	8	20日政治及び宗教に関する事前検閲の廃止
	11	オバマ大統領、ミャンマーを訪問
2013	3	メッティーラで仏教徒とムスリムが衝突
	4	日刊紙のライセンスが民間企業・団体に認められる
	6	27日民族宗教保護協会（マバタ）結成
	10	1日テインセイン大統領がラカイン州訪問
	11	2日ラカイン州でロヒンギャによるラカイン人殺傷事件。ラカイン州にて反NGO、反国連デモ。28日ラカイン州で国連への抗議デモ
	12	1日ヤンゴンで国連への抗議デモ
2014	3	26日ラカイン州シットウェで暴動発生（～27日）。28日政府が2012年暴動事件の調査委員会を設置
	5	13日国境でミャンマー国境警備警察とロヒンギャ連帯機構（RSO）との間で銃撃戦発生
	11	29日ヤンゴンで国連事務総長に対する抗議デモ
	12	25日テインセイン大統領、ラカイン州訪問
2015	1	7日ヤンヒー・リー国連ミャンマー人権状況特別報告者

1958	10	28日軍事クーデターによる選挙管理内閣の成立（～1960）
1960		ムジャヒッド党の拠点が東パキスタンに移動
1961		ムジャヒッド党が国軍に投降
1962	3	2日軍事クーデターによる軍事政権の成立（～1988）
1964	3	ビルマ社会主義計画党（BSPP）を除く政治政党の禁止。資本の国有化が本格化
1967	8	シットウェで米の不足に抗議するデモ隊に軍が発砲
1971	12	独立戦争を経てパキスタンからバングラデシュが独立。難民の流入
1974	3	人民議会選挙を経てビルマ連邦社会主義共和国憲法（1974年憲法）にもとづく社会主義体制の成立
1978	2	ラカインで政府による国籍審査（ナガーミン作戦）。約20万人のロヒンギャ難民がバングラデシュに流出
1979		ネーウィンがバングラデシュを訪問し、国境問題協議
1982		国籍法改正
1988	8	大規模な反政府運動が各地で発生
	9	18日軍事クーデターで国家法秩序回復評議会（SLORC）結成。30日国民民主連盟（NLD）政党登録
1989	7	20日スーチー、自宅軟禁に
1990	5	27日総選挙。NLDが圧勝
	7	19日スーチー、サハロフ賞受賞
1991	10	19日スーチー、ノーベル平和賞受賞。ラカイン州北部で軍事作戦（ミンアウン作戦）。約25万人のロヒンギャ難民がバングラデシュに流出
	12	11日ミャンマー、バングラデシュ、国連機関との間で難民帰還に関する合意締結
1992	4	23日タンシュエ将軍が国軍最高司令官とSLORC議長に就任。国境地帯に国境地帯入国管理機構（ナサカ）を設置
1993	1	9日制憲国民会議開催
1995	7	10日スーチーが自宅軟禁から解放される
	11	27日NLD、制憲国民会議のボイコットを決定
1996	11	9日スーチー襲撃事件
1997	11	15日SLORCが国家平和発展評議会（SPDC）に再編
1998	6	25日スーチーが何者かによって殴打される事件が発生
2000	9	21日スーチー、当局による2度目の自宅軟禁

関連年表

年	月	出来事
1430		ミンソーモン王がラカインでムラウー朝を開く
1666		ムガール朝がベンガル地方チッタゴンを占領
1757		プラッシーの戦いでイギリス東インド会社が勝利、ベンガル地方を統治下に
1784		コンバウン朝によるラカイン侵攻、ムラウー朝は廃絶
1824		第一次英緬戦争（～1826）
1826		ラカインとタニンダーリーがイギリス東インド会社の統治下に
1852		第二次英緬戦争。下ミャンマーが英領インドの一州に編入
1885		第三次英緬戦争。コンバウン朝滅亡。翌年、全ミャンマーが英領インドに編入
1897		英領ビルマが発足
1906		ヤンゴンで青年仏教協会（YMBA）設立
1920	10	ビルマ人団体総評議会（GCBA）設立
1930	6	ヤンゴンで反インド人暴動。我らビルマ人協会（タキン党）設立
1937	4	ビルマ統治法で英領インドからビルマ州が分離
1938	7	ヤンゴンで反インド人暴動（～9月）
1942	1	日本軍によるミャンマー侵攻。ラカインで仏教徒とムスリムとの最初の大規模な衝突（～1945）
1944	8	アウンサン、対日闘争のための統一戦線・反ファシスト人民自由連盟（AFPFL）結成
1945	10	イギリスがミャンマーに復帰
	7	19日アウンサン、閣僚6人とともに暗殺される
1947	9	制憲議会でビルマ連邦憲法成立
1948	1	4日ミャンマー、イギリスから独立（国名はビルマ連邦）。ラカインは管区（division）として連邦の一部に
	3	ビルマ共産党が武装蜂起
	4	ムジャヒッド党の武装蜂起

中西嘉宏（なかにし・よしひろ）

1977年，兵庫県生まれ．2001年，東北大学法学部卒業．07年，京都大学アジア・アフリカ地域研究研究科より博士（地域研究）取得．日本貿易振興機構・アジア経済研究所研究員などを経て，2013年より京都大学東南アジア研究所准教授，17年，同大学東南アジア地域研究研究所（組織統合により改称）准教授．本書で第16回樫山純三賞，第33回アジア・太平洋賞特別賞，第43回サントリー学芸賞を受賞．

著書『軍政ビルマの権力構造―ネー・ウィン体制下の国家と軍隊 1962-1988』（京都大学学術出版会，2009年，第26回大平正芳記念賞）
『ミャンマー2015年総選挙―アウンサンスーチー新政権はいかに誕生したのか』（共著，アジア経済研究所，2016年）
ほか

ロヒンギャ危機《きき》
―「民族浄化《みんぞくじょうか》」の真相《しんそう》

中公新書 *2629*

2021年1月25日初版
2021年11月15日3版

著　者　中西嘉宏
発行者　松田陽三

本文印刷　暁印刷
カバー印刷　大熊整美堂
製　本　小泉製本

発行所　中央公論新社
〒100-8152
東京都千代田区大手町1-7-1
電話　販売 03-5299-1730
　　　編集 03-5299-1830
URL http://www.chuko.co.jp/

Published by CHUOKORON-SHINSHA, INC.
Printed in Japan　ISBN978-4-12-102629-3 C1231

中公新書刊行のことば

一九六二年一一月

いまからちょうど五世紀まえ、グーテンベルクが近代印刷術を発明したとき、書物の大量生産は潜在的可能性を獲得し、いまからちょうど一世紀まえ、世界のおもな文明国で義務教育制度が採用されたとき、書物の大量需要の潜在性が形成された。この二つの潜在性がはげしく現実化したのが現代である。

いまや、書物によって視野を拡大し、変りゆく世界に豊かに対応しようとする強い要求を私たちは抑えることができない。この要求にこたえる義務を、今日の書物は背負っている。だが、その義務は、たんに専門的知識の通俗化をはかることによって果たされるものでもなく、通俗的好奇心にうったえて、いたずらに発行部数の巨大さを誇ることによって果たされるものでもない。現代を真摯に生きようとする読者に、真に知るに価いする知識だけを選びだして提供すること、これが中公新書の最大の目標である。

私たちは、知識として錯覚しているものによってしばしば動かされ、裏切られる。私たちは、作為によってあたえられた知識のうえに生きることがあまりに多く、ゆるぎない事実を通して思索することがあまりにすくない。中公新書が、その一貫した特色として自らに課すものは、この事実のみの持つ無条件の説得力を発揮させることである。現代にあらたな意味を投げかけるべく待機している過去の歴史的事実もまた、中公新書によって数多く発掘されるであろう。

中公新書は、現代を自らの眼で見つめようとする、逞しい知的な読者の活力となることを欲している。

中公新書

宗教・倫理

2293 教養としての宗教入門　中村圭志
2459 聖書、コーラン、仏典　中村圭志
2158 神道とは何か　伊藤　聡
1130 仏教とは何か　山折哲雄
2135 仏教、本当の教え　植木雅俊
2616 法華経とは何か　植木雅俊
2416 浄土真宗とは何か　小山聡子
2365 禅の教室　藤田一照／伊藤比呂美
134 地獄の思想　梅原　猛
989 儒教とは何か（増補版）　加地伸行
1707 ヒンドゥー教―インドの聖と俗　森本達雄
2261 旧約聖書の謎　長谷川修一
2076 アメリカと宗教　堀内一史
2360 キリスト教と戦争　石川明人
2642 宗教と過激思想　藤原聖子
2453 イスラームの歴史　K・アームストロング　小林朋則訳
2639 宗教と日本人　岡本亮輔
2306 聖地巡礼　岡本亮輔
2310 山岳信仰　鈴木正崇
2499 仏像と日本人　碧海寿広
2598 倫理学入門　品川哲彦

RC 1886 中公新書

世界史

1353 物語 中国の歴史 寺田隆信
2392 中国の論理 岡本隆司
2303 殷―中国史最古の王朝 落合淳思
2396 周―理想化された古代王朝 佐藤信弥
2542 漢帝国―400年の興亡 渡邉義浩
12 史記 貝塚茂樹
2099 三国志 渡邉義浩
7 宦《かん》官《がん》(改版) 三田村泰助
15 科《か》挙《きょ》 宮崎市定
1812 西《せい》太《たい》后《こう》 加藤徹
2030 上海 榎本泰子
1144 台湾 伊藤潔
2581 台湾の歴史と文化 大東和重
925 物語 韓国史 金両基
1367 物語 フィリピンの歴史 鈴木静夫

1372 物語 ヴェトナムの歴史 小倉貞男
2208 物語 シンガポールの歴史 岩崎育夫
1913 物語 タイの歴史 柿崎一郎
2249 物語 ビルマの歴史 根本敬
1551 海の帝国 白石隆
2518 オスマン帝国 小笠原弘幸
1858 中東イスラーム民族史 宮田律
2323 文明の誕生 小林登志子
2523 古代オリエントの神々 小林登志子
1818 シュメル―人類最古の文明 小林登志子
1977 シュメル神話の世界 岡田明子 小林登志子
2613 古代メソポタミア全史 小林登志子
1594 物語 中東の歴史 牟田口義郎
2496 物語 アラビアの歴史 蔀勇造
1931 物語 イスラエルの歴史 高橋正男
2067 物語 エルサレムの歴史 笈川博一
2205 聖書考古学 長谷川修一

2647 高地文明 山本紀夫
2253 禁欲のヨーロッパ 佐藤彰一
2409 贖罪のヨーロッパ 佐藤彰一
2467 剣と清貧のヨーロッパ 佐藤彰一
2516 宣教のヨーロッパ 佐藤彰一
2567 歴史探究のヨーロッパ 佐藤彰一
2661 アケメネス朝ペルシア―史上初の世界帝国 阿部拓児

2590 人類と病 詫摩佳代
2451 トラクターの世界史 藤原辰史
2368 第一次世界大戦史 飯倉　章
27 ワイマル共和国 林　健太郎
478 アドルフ・ヒトラー 村瀬興雄
2553 ヒトラーの時代 池内　紀
2272 ヒトラー演説 高田博行
1943 ホロコースト 芝　健介
2349 ヒトラーに抵抗した人々 對馬達雄
2610 ヒトラーの脱走兵 對馬達雄
2448 闘う文豪とナチス・ドイツ 池内　紀
2329 ナチスの戦争 1918-1949 R・ベッセル 大山　晶訳
2313 ニュルンベルク裁判 A・ヴァインケ 板橋拓己訳
2266 アデナウアー 板橋拓己
2615 物語 東ドイツの歴史 河合信晴

2274 スターリン 横手慎二
530 チャーチル（増補版） 河合秀和
2643 イギリス1960年代 小関　隆
2578 エリザベス女王 君塚直隆
1415 フランス現代史 渡邊啓貴
2356 イタリア現代史 伊藤　武
2221 バチカン近現代史 松本佐保
2538 アジア近現代史 岩崎育夫
2586 東アジアの論理 岡本隆司
2437 中国ナショナリズム 小野寺史郎
2600 孫基禎《ソン・ギジョン》―帝国日本の朝鮮人メダリスト 金　誠
2034 感染症の中国史 飯島　渉
1959 韓国現代史 木村　幹
2262 先進国・韓国の憂鬱 大西　裕
2602 韓国社会の現在 春木育美
1876 インドネシア 水本達也
2596 インドネシア大虐殺 倉沢愛子

1596 ベトナム戦争 松岡　完
2330 チェ・ゲバラ 伊高浩昭
1664 1665 アメリカの20世紀（上下） 有賀夏紀
2626 フランクリン・ローズヴェルト 佐藤千登勢
1920 ケネディ―「神話」と実像 土田　宏
2527 大統領とハリウッド 村田晃嗣
2479 スポーツ国家アメリカ 鈴木　透
2540 食の実験場アメリカ 鈴木　透
2504 アメリカとヨーロッパ 渡邊啓貴
2415 トルコ現代史 今井宏平
2163 人種とスポーツ 川島浩平